스스로
읽는 힘을 기르는

비문학
수업

스스로
읽는 힘을 기르는

비문학
수업

문해력, 독해력을 키우는

학생 중심 수업

글

강이욱
이경옥
최인영
최지웅
호민애

'손잡고 국어수업'
시리즈를 펴내며

아름다운 수업

교사라면 누구나 아름다운 수업을 꿈꿉니다. 그래서인지 수업 사례를 다룬 책이나 연수가 쏟아지고 있습니다. '수업 디자인'이라는 말도 유행합니다.

디자인이 뭐냐는 물음에 누군가는 이렇게 답했습니다. "인문학적 상상의 공학적 실현". 그러면서 "디자인은 손재주가 아니에요. 사람들의 삶을 어떤 방향으로 바꾸고 싶다는 인문학적 상상이 먼저입니다."라고 덧붙였습니다.

교육공학을 전공한 교수님도 그와 비슷한 얘기를 했습니다. "수업 방법은 다음 문제예요. 어떤 수업을 하고 싶은지, 왜 그런 수업을 하고 싶은지 그걸 먼저 생각해야 합니다. 그에 따라 수업 방법이 결정되기 때문입니다."

국어 교사 단톡방에서 오가는 대화

"○○와 □□의 차이가 뭔가요?"

"△△는 어떻게 가르치면 되나요?"

4

국어 교사들이 모인 단톡방에 가장 많이 올라오는 질문입니다. 당장 내일 해야 할 수업을 앞에 놓고 막막한 마음에 올린 질문이겠죠. 오죽 답답하면 이런 질문을 하셨을까요? 그런데 조금만 여유를 가지고 '왜?'라는 질문을 먼저 던져보면 어떨까요? 그러면 '어떻게?'에 대한 답은 자연스럽게 따라오지 않을까요?

왜?

새는 두 날개만으로 날지 않습니다. 물고기는 지느러미로만 헤엄치는 게 아닙니다. 머리를 돌려 올바른 방향을 잡는 일이 먼저입니다. 그래서 이 책에서는 '왜?'라는 질문으로 시작합니다. 이 물음은 '삶' 또는 '성장'과 맞닿아 있습니다. 가르치고 배우는 사람이 더불어 성장하는 수업을 하려면 '왜?'라는 질문을 붙들어야 합니다.

나는 왜 이걸 가르치는가?
이걸 배워서 우리 아이들이 어떤 방향으로 성장하기를 바라나?

공자님께서도 "學而不思則罔(학이불사즉망)"이라고 하셨습니다. '망(罔)'은 그물입니다. 그물에는 구멍이 숭숭 뚫려 있습니다. 속 알맹이가 없죠. 열심히 가르치고 배우지만 수업이 끝나면 허망할 때가 많습니다. '왜?'라는 질문이 빠졌기 때문입니다. 성긴 그물 사이로 삶의 알맹이가 죄다 빠져나가고 빈껍데기만 남았기 때문입니다.

'왜?'에 대한 답을 찾으려면 찬찬히 관찰해야 합니다. 교육과정에서는 어떤 목표를 제시하고 있는지, 교과서에서는 어떻게 구현하고 있는지, 학생들은 어떤 수준과 상황인지, 학생들이 살아갈 우리 사회는 어떻게 변하고 있는지……. 처음에는 어려울 수 있지만 자꾸 연습하면 꼬리에 꼬리를 물고 해답이 따라 나옵니다. 고구마 줄기처럼.

어떻게?

교사가 아무리 선한 의도와 간절한 열망을 가졌다 해도 수업이 그저 되지는 않습니다. 열심히 날개를 퍼덕이고 지느러미를 움직여야 합니다. 인문학적 상상을 실현할 공학적 실천이 필요합니다.

공자님께서는 이어서 말씀하십니다. "思而不學則殆(사이불학즉태)". '태(殆)'는 위태롭다는 뜻입니다. 흐물흐물해서 제대로 설 수 없는 상태죠. 아무리 멋진 생각이 있어도 그걸 어떻게 실현할지 모른다면 소용이 없습니다. 올곧게 실천하려면 힘써 가르치고 배워야 합니다. 방법이나 요령이 필요합니다.

이 책에서는 이미 현장에서 실천해 본 사례를 몇 가지 소개합니다. 당연한 말이지만 이 사례를 곧이곧대로 베끼면 안 됩니다. 이 사례들은 '다만 하나의 몸짓'에 지나지 않습니다. 선생님들의 빛깔과 향기를 덧입혀 주세요. 선생님의 '왜?'라는 질문에 맞춰서 어떻게 적용할지 선택하셔야 합니다.

손을 내밀어 주세요

이 책은 더 아름다운 수업을 꿈꾸는 선생님들을 위한 책입니다. 선생님께서 국어 수업의 길을 찾으실 때 그 손을 잡아드리고자 이 책을 기획하게 되었습니다. 우리 책을 실마리 삼아 선생님만의 '왜?' '어떻게?'라는 질문을 얹어 더 아름다운 수업을 구상하시기를 기대합니다.

더 나아가 저자로 모시고 싶습니다. 선생님께서 실천하신 값진 수업 사례를 책으로 만들어주세요. 아직 완전하지 않아도 좋습니다. 그걸 책으로 엮는 과정에서 더 단단하게 틀을 다질 수 있기 때문입니다. 선생님께서 용기를 내신다면 또 다른 누군가에게 따스한 손길이 되리라 믿습니다. 선생님의 연락을 기다립니다.

손잡고 걸으면 외롭지 않습니다.

우리가 가르치고 배우는 일도 그랬으면 좋겠습니다.

함께 손잡고 '왜, 어떻게 가르칠까?' 길을 찾고자 합니다.

머리말

교사는 거들 뿐, 학생을 읽기의 주인공으로!

교육은 백년대계라고 하지만 수업은 아닙니다. 학생들의 반응이 교사에게 실시간으로 전달되기 때문입니다. 교사가 기획한 활동에 학생들이 몰입해서 참여하고, 활동을 엮어서 교사가 새로운 의미를 만들어내자 학생들이 "와!" 탄성을 터트립니다. 딩동댕동! 그 순간 수업을 마치는 종이 울리고, 학생들의 벌어진 입을 뒤로하고 교실 문을 열고 나옵니다. 어깨에 힘이 절로 들어갑니다. 그럴 때 교사는 살아 있음을 느낍니다.

하지만 늘 그런 건 아닙니다. 온몸으로 무관심과 무능력을 표출하는 학생들과의 실랑이도 힘들지만, 정작 더 괴로운 건 교사 스스로 '이걸 왜 가르치는지' 그 의미를 찾지 못할 때입니다. 등에서 식은땀이 흘러내립니다. 마음이 긴장되니 몸이 굳고, 목소리가 점점 커지더니 급기야 소리가 갈라집니다. 한 시간 수업은 왜 이렇게 긴지, 마치는 종이 울리면 쥐구멍을 찾는 심정으로 교실 문고리를 잡습니다. "아! 오늘도 말아먹었구나."

국어 교사를 절망에 빠뜨리는 수업을 꼽으라면 그 첫째가 '비문학 독해'가 아닐까요? 그래서 이 책을 기획하게 되었습니다. '비문학 바탕글'에 대한 학생들의 반응은 대체로 두 가지입니다. '재미없다'와 '어렵다'. 중학생들은 주로 "재미없다!"라고 툴툴댑니다. 고등학생들은 "어렵다!"라고 하소연합니다. 그런 학생들을 보면서 교사도 속으로 소리치죠. '애들아! 나도 어떻게 해야 할지 모르겠어. 학창 시절에도, 사범대학에서도, 교사가 되고 나서도 이런 걸 제대로 배운 적이 없단다.' 교사의 불안감은 학생들에게 고스란히 전이되고, 악순환이 강화됩니다.

사실 이 책을 기획한 건 오래전입니다. 이러저러한 사정으로 출간이 뒤로 밀렸는데, 그러는 동안 저자들은 수많은 '민원'에 시달려야 했습니다. "그 책 도대체 언제 나와요?", "제발 그 책 좀 빨리 만들어주세요." 그런 항의를 받으며 국어 교사들이 비문학 독해 수업을 얼마나 부담스러워하는지 생생하게 느낄 수 있었습니다.

이 책의 목적은 딱 하나입니다. 학생을 읽기의 주인공으로 세우는 겁니다. 그걸 위해 다섯 가지 수업 사례를 소개합니다. 읽기의 문을 여는 신나는 놀이도, 글을 베껴 쓰는 고된 수고로움도, 비주얼씽킹으로 글 내용을 요약하는 체계적인 활동도, 글에서 만들어내는 깊이 있는 질문도, 논문으로 진로를 탐색하는 수준 높은 과제도, 학생들이 몸소 해야 합니다. 아무도 그걸 대신해 줄 수 없습니다. 이런 활동을 통해서 읽기의 주인공으로 우뚝 선 학생들이 자기 깜냥에서 스스로 한 걸음 더 나아가서 글을 읽어내고, 교사는 그걸 도우며 보람과 효능감을 느낄 수 있었으면 좋겠습니다.

"좋았어. 오늘도 멋지게 해냈어."

비문학 독해 수업을 마친 선생님들이 이렇게 주먹을 불끈 쥐실 수 있기를 기원하며 이 책을 바칩니다.

스스로
읽는 힘을 기르는

비문학
수업

차례

1부
___

비문학 읽기 수업, 왜?

1. 이상한 수영장

이상한 수영 학원이 있다. 이 수영장에는 레인 옆에 책걸상들이 쭉 놓여 있다. 강습 시간이 되면 수강생들은 수영복을 입은 채 의자에 앉는다. 강사는 수강생들이 다 모인 것을 확인한 후 강의를 시작한다.

"오늘은 접영에 대해 배우겠습니다. 접영은 다른 영법들보다 좀 더 어려우니까 설명을 잘 들으세요. 팔은 이렇게 움직여야 합니다. 다리는 이렇게 움직이고요. 호흡법은 이렇습니다."

수영 강사는 40분 가까이 아주 자세하게 접영의 방법과 주의 사항을 설명했다. 설명을 끝낸 강사는 수강생들에게 10분 동안 수영하도록 지시한다.

"지금까지 배운 것을 물속에서 10분 동안 연습해 보세요."

10분이 지난 뒤 강사가 호루라기를 '삐익-' 불며 말한다.

"시간 다 됐습니다. 이제 다들 물 밖으로 나오세요."

강사의 지시에 따라 수강생들은 다시 의자에 앉는다. 강사의 말이 이어진다.

"이제 오늘 배운 것을 잘 이해했는지 형성평가를 풀어보겠습니다. 다음 중 접영의 호흡법으로 적절한 것은? 정답은 1번부터 5번 가운데 몇 번일까요?"

이런 수영장이 있다면 어떨까? 아마 몇 달 동안 수영 강습을 받더라도 수영 실력이 늘기는 어려울 것이다. 이러한 방식의 강습은 수영에 대한

'지식'을 쌓는 데에는 효과적일지 몰라도 수영 '실력'을 키우는 데에는 비효율적이다. 강사의 설명을 듣는 시간이 너무 길고, 스스로 수영을 해 보는 시간은 너무 짧기 때문이다.

비문학 수업에서도 마찬가지다. 교사가 30분을 설명하고, 정작 학생들이 글을 읽고 생각하는 시간은 10분밖에 되지 않는 수업으로는 학생들의 독해력이 자라기 어렵다. 독해력을 키우기 위해서는 무엇보다 자기 힘으로 많이 읽고 많이 생각하는 활동이 중요하다.

학생들이 글에 집중하지 못하거나, 더 능동적으로 글을 이해하려고 노력하지 않는 이유는 무엇일까? 우선 '내용'적인 측면에서는 대개 글이 자신에게 너무 어렵거나 글의 내용에 관심이 가지 않기 때문이다. '방법'적인 측면에서는 글을 읽는 과정에서 단지 글을 쳐다보는 것 외에 자신이 적극적이고 주체적으로 해야 할 일이 없다고 생각하기 때문이다.

글이란 단지 글자를 '쳐다보고' 있다고 해서 저절로 읽히지는 않는다. 뇌 속에서 그 의미를 해독하고 추론하기 위한 적극적인 활동이 일어나야만 비로소 제대로 '읽었다'고 말할 수 있다. 이러한 문제를 해결하기 위해서는 '내용'적인 측면에서는 학생의 삶과 맞닿아 있는 글을 제시하고, '방법'적인 측면에서는 교사 중심 읽기 수업을 학생 중심 읽기 수업으로 전환해야 한다.

2. 비문학은 '생존'의 문제다

"의학, 법률, 경제, 기술 따위는 삶을 유지하는 데 필요해. 하지만 문학은
삶의 목적인 거야."

이 말은 영화 〈죽은 시인의 사회〉에서 키팅 선생님이 학생들에게 들려
주는 멋진 대사이다. 나는 문학 수업을 할 때 이 영화의 해당 장면을 학
생들에게 종종 보여주기도 한다. 그러나 이 말을 한번 뒤집어 생각해
보자. 키팅 선생은 문학의 중요성을 강조하기 위해 저렇게 말하긴 했지
만, '문학이 아닌 글'들은 삶을 '유지'하기 위해 필요한 것이니, 따지고
보면 '비문학'도 엄청 중요한 거 아닐까? 그게 없으면 제대로 살기 어렵
다는 뜻이니까.

'문학'이 어떤 삶을 살아야 하는지를 생각하게 한다면, '비문학'은
우리가 삶을 제대로 살 수 있도록 하는 데 필수적이다. 대학에 진학하
든 그렇지 않든, 사회인으로서 정상적인 생활을 영위하기 위해서 말과
글을 기반으로 하는 의사소통 능력은 매우 중요하다. 그중에서도 글을
기반으로 하는 의사소통은 말에 비해 자연스럽게 습득되지 않고, 더 전
문적인 교육이 필요한 영역이다.

학생들이 대학에 진학한다면 전공 서적을 읽고 이해할 수 있는 능
력을 갖춰야 한다. 대학에 가지 않는 학생들도 비문학 텍스트를 읽음으
로써 새로운 지식을 습득할 수 있어야 변화하는 사회에 적응하고 더 행
복한 삶을 살 수 있다. 각종 주의사항이나 사용설명서, 계약서, 안내문,

공고문, 신문 기사 등 사회의 가장 기본적인 정보 전달 수단은 비문학 텍스트이기 때문이다. 또 인문학적 소양을 길러 내면의 힘을 갖추어야 자존감을 지키며 주체적인 삶을 살아갈 수 있다. 또한 유권자이자 민주 시민으로서 어떤 정책이나 정치 의제에 대해 더 정확하고 올바른 판단을 하기 위해서도 비문학 텍스트를 제대로 읽고 이해하는 능력은 필수이다.

이처럼 우리의 삶에서 비문학 독해는 무척이나 중요하지만, 학교 현장에서는 오히려 비문학 수업이 홀대받거나 마지못해 할 수밖에 없는 수업으로 취급되기 일쑤다. 또 교사 중심 수업으로 지문 내용 전달에만 초점을 두거나, 읽기 전략*을 가르치더라도 너무 분절적으로만 가르치고 만다.

국어 교사로서도 비문학 수업을 하기에 난감한 점이 많다. 사범대학 국어교육과의 교육과정도 주로 문학이나 문법에 편중되어 있어서 대학에서도 비문학을 어떻게 가르쳐야 하는지에 대한 교육을 제대로 받지 못한 경우도 많다. 학생들은 재미없어 하고, 교사는 어떻게 가르쳐야 할지 잘 모르는 난감한 상황이 비문학 교육의 현주소 아닐까?

• '배경지식 활용하기, 예측하기, 질문하기, 추론하기, 중요한 것과 중요하지 않은 것 구별하기, 요약하기, 자신의 언어로 다시 말하기, 시각화-정리하기' 등의 전략이 있다.

3. '비문학'이라는 용어

(1) '비문학'이라는 흐리멍덩한 정의

우선 앞으로 이 책에서 계속 언급해야 할 '비문학'이라는 용어에 대해 짚고 넘어가자. '비문학(非文學)'이라는 용어는 말 그대로 '문학이 아닌 것'을 뜻한다. 그러나 '문학이 아닌 것'이라는 정의는 이상하다. 이는 어떤 것의 '범주'이자 '반대 명제'일 뿐이지, 가리키고자 하는 대상의 정체성이 무엇인지를 정확히 설명하지 않기 때문이다.

더욱이 이 용어가 가리키는 그 범주조차 명확하지 않다. 가령 두 사람의 대화를 단순히 나열한 지문은 '문학'이 아니지만, '비문학'이 아니라 '화법'으로 분류한다. 또한 '문법'은 '문학'이 아닌 '비문학'이지만, 그렇다고 우리가 '문법'을 '비문학'이라고 부르지는 않는다.

결국 현재 널리 쓰이고 있는 '비문학'이라는 용어는 대학수학능력시험(이하 '수능')의 국어 과목에서 '독서' 영역의 지문을 가리키는 말이며, 특히 수능에 출제되고 있는 '객관적인 학술 정보를 담고 있는 글'을 지칭하는 의미로 주로 사용되고 있다. 참고로 중학교 교과서에 실리는 글들은 학술 정보가 아니기 때문에 '비문학'보다는 '설명문'으로 지칭하는 경우가 더 많다.

(2) '비문학'을 '독서'로 바꾼다면?

'비문학'이라는 정체불명(?)의 용어가 언제부터 사용되기 시작했는지는 정확히 알 수 없다. 아마도 수능에서 '문학 지문이 아닌 지문들'을 지칭하는 용어로서 등장했다고 추정된다. 그러나 수능 국어의 특정 영역을 지칭하는 용어로서는 '비문학' 대신 '독서' 영역이라고 부르는 것이 더 바람직하다. 왜냐하면 '비문학'이라는 문자 그대로의 의미를 따르자면, 수능 국어에서 '비문학'은 '문학'을 제외한 나머지 모든 영역(독서, 화법, 작문, 언어, 매체)을 가리키는 의미가 되기 때문이다.

물론 '비문학'이라는 용어를 '독서'로 대체하는 것도 문제가 있다. 우선 '독서'라는 용어는 특정 과목명이나 교육과정 범주를 지칭할 수는 있지만, 어떤 글감을 지칭하는 용어로 사용하기에는 부적절하기 때문이다. 즉 우리는 '문학' 작품, '설명문', '논설문' 등을 읽는 것이지 '독서'라는 글을 읽는 것이 아니다. 따라서 '독서'는 책을 읽는 행위 혹은 그와 관련된 제반 교육과정을 가리키는 말일 수는 있어도 특정 글의 갈래나 종류를 지칭하는 용어로는 적절하지 않다.

또한 '비문학'을 '독서'라는 용어로 대체할 때, '독서'는 '문학'의 상대 개념이 아니라는 문제도 존재한다. 이는 '독서'라는 교과목명을 설정하고 있는 국어과 교육과정의 문제이기도 하다. 당연한 이야기처럼 들리겠지만, '문학'을 읽는 것은 엄연히 '독서' 행위이므로 '문학'은 '독서'의 하위 분야로 볼 수 있다. 그런데 '문학'을 '독서'와 분리하여, 소위 '비문학'(이라고 불리고 있는 글)을 읽는 것만 '독서'로 지칭하는 것이 타당한가? 그렇다면 문학 작품을 읽는 것은 '독서'가 아니란 말인가?

(3) '비문학'을 어떻게 부를까?

결론적으로 현재 '객관적인 정보를 담고 있는 글'을 지칭하는 의미로 사용되고 있는 '비문학'이라는 용어는 '정보 텍스트'나 '정보 글', 혹은 차라리 '설명문'으로 대체하는 것이 바람직하다.

그런데 '비문학'을 '정보 텍스트'나 '정보 글'로 바꾸어 부를 때에도 문제는 있다. '정보 텍스트'라는 용어로 포괄할 수 없는 '비문학'적인 글들도 많기 때문이다. 문학으로 보기는 어렵지만 객관적 정보 전달을 목적으로 하지 않는 글은 흔하다. 가령 인문학을 다루는 글은 대부분 어떤 정보를 제공하기 위한 글이 아니다. 니체가 쓴 철학 텍스트를 '정보 텍스트'라고 부르는 것이 적절한가?

그리고 객관적인 정보와 주관적인 의견이 섞여 있는 글을 '정보 글'로 포괄할 수 있는가? 대개의 논설문이나 인문학적 글에는 필자의 주장을 뒷받침하기 위해 객관적 정보를 풍부하게 제시한 경우가 많고, 정보 전달이 우선인지 가치 전달이 우선인지 판단하기 애매한 경우도 많다.

또 다른 문제도 있다. '정보 글'만 비문학 수업의 제재라고 간주할 때, '정보 글'이 아닌 글은 교육의 대상에서 배제된다. 교육적 관점에서는 객관적 정보를 담은 글뿐만 아니라 주관적 가치를 담은 글도 학생들에게 유용하고 의미 있는 텍스트다. 주관적 가치를 담은 글은 사실적·추론적 이해뿐 아니라 비판적 이해를 키우는 데도 활용될 수 있기 때문이다.

따라서 현재의 수능에서는 학술 정보를 다룬 글을 출제하고 있지만, 적어도 교육 현장에서 현재의 '비문학' 개념을 대체할 때는 '정보 글'뿐만 아니라 '가치 글'도 비문학의 범주에 포함하는 것이 바람직하다. 이러한 관점에서라면 현재의 '비문학'이라는 용어를 '정보 글(정보 텍스트)'과 '가치 글(가치 텍스트)'로 대체할 수도 있을 것이다.

다만 '정보 텍스트'나 '정보 글', '가치 글' 같은 용어는 지금의 교육 현장에서는 다소 생소하게 받아들여질 것이다. 또한 이러한 용어에 대해 아직 여러 교육 주체들이 합의한 것도 아니다. 이러한 점을 고려하여 이 책에서는 현재 대중들에게 널리 통용되고 있는 '비문학'이라는 용어를 그대로 사용하기로 한다.

(4) 단지 용어의 문제가 아니다

끝으로, '비문학'이라는 용어가 논란이 되는 이유는 이것이 비단 특정 용어 사용의 문제에 국한되지 않기 때문이다. 이제 '비문학'이라는 용어는 우리 교육의 특정 패러다임을 표상하고 있다고 해도 지나친 말이 아니다.

앞에서 말했다시피 '비문학'이라는 용어의 출발과 대중화는 '수능'에 기인한다. 이 용어는 우리에게 곧장 '수능'과 '학력평가', 'EBS 교재' 등을 떠올리게 한다. 그리고 오지선다형 객관식 문제 풀이 수업, 지문 해설 수업, 교사의 강의 위주 수업 패러다임을 연상케 한다. 또한 학술 정보를 다루고 있는 글만 배울 만한 가치가 있는 것처럼 잘못된 편견을 조장하는 심각한 문제를 내포하고 있다.

물론 용어 하나를 바꾼다고 해서 곧바로 수업이 바뀌지는 않을 것이다. 그러나 문학, 문법, 화법 등 다른 국어 교육 분야에 비해 유난히 '비문학' 교육에서만 수업 패러다임이 쉽게 바뀌지 않는 이유는 '수능'과 관련된 비문학에 대한 고정관념과 무관하지 않다.

그래서 '비문학'이라는 용어에 대한 비판은 객관식 문제 풀이와 지문 해설 중심의 낡은 수업 패러다임에서 벗어나, 학생이 스스로 읽고 스스로 생각하는 힘을 길러주는 교육이 필요하다는 문제의식을 담고 있다. '비문학'이라는 낡은 용어를 대체하는 것에서부터, '정보'와 '가치'를 학생들이 주체적으로 이해하고 판단하는 학생 중심 수업, 역량 중심 수업으로 수업 패러다임의 변화가 시작될 수 있을 것이다.

4. 비문학 교육의 어려움

(1) 이걸 왜 가르쳐야 하나

칠판에 압력과 온도의 상관관계를 나타낸 그래프가 그려져 있다. 그래프에는 '융해 곡선'과 '임계점', '증기 압력' 등의 용어와 몇 가지 숫자들이 쓰여 있다. 그리고 교사는 이에 대해 설명하고 있다. 이 수업은 어떤 과목의 수업 시간일까?

상식적으로 사람들은 화학 시간을 떠올리겠지만, 정답은 '국어 시간'이다. 인터넷 커뮤니티에 돌아다니는 유머 글 중에 '극한직업 국어 교사'라는 제목의 글이 있다. 그 글에는 국어 시간에 다양한 비문학 글들을 설명하는 장면이 갈무리(캡처)되어 있다. 그리고 그 사진들 아래에는 '경제 지문 아니고 국어 지문임', '물리 수업 아니고 국어 수업임'과 같은 설명이 붙어 있다. 일반 대중들이 보기에도 국어 시간에 저런 내용을 다루는 게 이상하게 느껴지고, 국어 교사들이 힘들겠다 싶은가 보다. 경제, 물리, 화학 등의 복잡하고 어려운 내용을 빼곡하게 판서하고 설명하면서 진땀을 흘리고 있는 모습이 '유머' 글로 게시된다는 현실이 웃프다.

이처럼 대부분의 국어 교사들에게 비문학 단원은 고민거리다. 인문, 사회, 과학, 기술, 예술, 문화 등 다양한 분야의 글을 가르쳐야 하는데, 국어 교사도 이 분야의 전공자가 아니기 때문이다. 특히 고등학교에서 수능이나 학력평가에 출제되는 비문학 글의 수준은 만만치 않아서 국어 교사들도 이해하기 쉽지 않을 때가 많다. 특히 경제, 철학, 과학 지문의 경우 변별력을 확보하기 위해 어려운 지문이 많이 출제되는 경향이 있는데, 때로는 경제나 과학을 배우고 있는 학생들이 국어 교사보다 더 많은 배경지식을 갖고 있을 때도 있다. 어떤 국이 교사는 이렇게 하소연한다.

"저는 비문학 글을 가르치는 게 재미가 없어요. 제 전문성이 발휘되기 어렵다는 생각이 들거든요. 가령 '옛 그림의 원근법'에 대한 글은 미술 교사가 미술 시간에, 'N형 반도체와 P형 반도체의 원리'를 설명하는 글은 과학 교사가 과학 시간에 가르치는 것이 바람직하지 않을까요?"

실제로 많은 국어 교사들이 비문학 수업이 문학 수업보다 더 재미없고, 자신이 가르치기에 덜 전문적이라고 느낀다. 그리고 국어 시간에 'N형 반도체와 P형 반도체의 원리'를 설명하다 보면 그 시간은 국어가 아니라 과학 시간이 되어버린다. 그렇다면 우리는 국어 시간에 왜 비문학을 가르치고 있는 것일까?

[9국02-02] 읽기 목적과 글의 구조를 고려하며 글을 효과적으로 요약한다.
[9국02-03] 독자의 배경지식과 글에 나타난 정보 등을 활용하여 글에 드러나지 않은 의도나 관점을 추론하며 읽는다.
[9국02-05] 글에 사용된 다양한 설명 방법과 논증 방법을 파악하고, 그 타당성을 평가하며 읽는다.
[9국02-08] 자신의 독서 상황과 수준에 맞는 글을 선정하고 읽기 과정을 점검·조정하며 읽는다.

제시된 2022 개정 교육과정의 성취기준에서 드러나듯, 결국 국어 시간에 해야 할 일은 사실적 이해, 추론적 이해, 비판적 이해 능력을 키우는 것이다. 즉 글의 핵심 내용을 판별하여 글을 효과적으로 요약할 수 있는 능력을 기르고, 독자의 배경지식과 글의 정보를 활용하여 적절하게 추론하며 읽고, 스스로 자신의 읽기 과정을 점검해 가면서 읽을 수 있는 능력을 길러야 한다. 국어 시간에 비문학 글을 가르치는 이유는 '지식 전달'이 아니다. 글을 읽고 이해하는 역량, 즉 '독해력'을 키우는 것이다.

국어 시간에 인문, 예술, 사회, 문화, 과학, 기술과 관련된 글을 읽는 것 자체는 하등 문제가 없다. 글의 내용이 국어과에서 다루지 않는 것이라고 할지라도 국어과 교육과정에서 벗어난 것은 아니다. 다만, 다른 분야의 지식을 가르치는 것은 국어 교육에서 담당해야 할 몫이 아니다. 국어 수업의 목적은 독해력을 키우고, 글을 읽는 데 필요한 전략을 훈련하는 것이다. 수능에서도 학생들에게 요구하는 것은 '다음 글을 읽고' 물음에 답하는 것이므로, 별도의 배경지식이 없더라도 제시된 지문 내용을 바탕으로 정답을 구할 수 있어야 한다.

(2) 집중하지 못하거나, 적극적이지 않거나

동환이가 '엔트로피'에 대한 글을 소리 내어 읽고 있다. 두세 문단을 읽은 뒤에 교사가 지호에게 읽어보라고 지시한다. 갑자기 지목당한 지호는 당황하며 짝에게 묻는다.

"지금 어디 읽고 있어?"

한 학생을 지목해서 소리 내어 읽게 하다가 중간에 갑자기 다른 학생을 지목해서 읽으라고 했을 때, 어디까지 읽었는지를 몰라 허둥대는 경우를 자주 목격한다. 글을 읽는 동안 글에 집중하지 못하는 것이다. 또 각자 글을 읽을 시간을 주어도 그 시간에 글을 읽지 않고 꾸벅꾸벅 졸거나 딴짓을 하는 경우도 흔하다. 이런 문제는 학생들이 글의 내용에 흥미를 느끼지 못할 때 특히 심해진다.

당연하지만 글을 읽는 것은 누군가 대신해 줄 수 없다. 문법적으로 보면 '읽다(읽히다)'라는 단어는 '입다(입히다)'라는 단어와 달리 사동사를 만들어도 '직접 사동'이 불가능하다. 애초에 읽는다는 행위는 다른 사람이 대신해 줄 수 없기 때문이다. 아무리 학생을 사랑하더라도 교사가 학생 대신 웃어줄 수 없는 것처럼, 글도 교사가 대신 읽어줄 수는 없다.

그런데 강의식 수업을 하다 보면 본의 아니게 교사가 학생 대신 글을 읽어주게 된다. 학생이 해야 할 노력을 교사가 대신하게 된다는 의미다. 그럴수록 학생들은 더 수동적으로 글을 대하게 될 것이고, 학생들의 읽기 역량은 길러질 수 없다. 남의 힘을 빌릴수록 자기 힘은 약해지기 때문이다.

수민이가 글을 안 읽고 연습장에 낙서하고 있다. 수민이에게 왜 글을 안 읽고 있느냐고 물으니, 이미 다 읽었다고 한다. 읽는 속도가 지나치게 빨라서, 진짜 다 읽은 게 맞냐고 물었다. 수민이는 재차 다 읽었다고 대답한다. 그러나 내용을 물어보니 수민이는 제대로 대답하지 못했다.

시선이 글의 맨 마지막 문장에 도착하면 글을 다 읽었다고 생각하는 학생들이 있다. 이런 학생들은 글을 다 읽어도 무슨 내용인지 잘 모를뿐더러, 글을 더 잘 이해하기 위해서 적극적으로 노력하지도 않는다. 뜻을 모르는 단어를 교사에게 질문하거나 이해되지 않는 부분을 다시 읽어보면서 곰곰이 의미를 궁리해 보려는 노력을 기울이지 않는다. 이러한 문제는 학생들의 수준에 비해 글의 난도가 높을수록, 학생들이 글의 내용에 흥미를 느끼지 못할수록 더 심해진다.

또한 글의 내용을 다 이해하지 못했는데 그걸 다 이해했다고 착각하는 학생도 많다. 글을 읽는 동안 초인지(메타인지)가 제대로 작동하지 않아 자신이 글을 읽고서 무엇을 이해했고 무엇을 이해하지 못했는지 구별하지 못하는 것이다. 이러한 문제는 수업이 교사의 강의 중심으로 진행될수록 더 심해진다. 교사의 설명을 통해 이해하게 된 것을 자기 자신의 역량으로 이해했다고 착각하기 때문이다.

(3) 너무 어려워요 vs 너무 시시해요

민지 : 선생님, 너무 어려워서 무슨 말인지 모르겠어요.
정민 : 선생님, 이런 글을 읽는 것보다는 그냥 수능 비문학 지문을 읽는 게 더 좋지 않을까요?

고등학교에서 비문학을 가르치다 보면 국어 성적의 양극단에서 두 가지 부류의 문제를 지닌 학생들을 만나게 된다. 한 부류는 반강제적으로 '국포자(국어를 포기한 자)'의 길을 걷는 학생들이다.

학생들은 대체로 중3 때까지는 국어 성적이 썩 좋지는 않더라도 국어 시간에 글을 읽는 데에 심각한 두려움을 느끼지는 않는다. 그러나 고등학교에 입학하면 얘기가 달라진다. 입학하자마자 3월에 전국연합학력평가를 보게 되는데, 미리 학원 등에서 기출 문제를 풀어본 직이 없는 학생들이라면 큰 충격에 빠진다. 이 시험에서 읽어도 무슨 뜻인지 이해할 수 없는 비문학 글들을 만나기 때문이다. 심각성을 깨달은 학생들이 국어 학원으로 달려가지만, 그렇게 학원을 다녀도 대개는 국어 성적이 거의 향상되지 않는다. 이런 학생들은 국어가 너무 어렵고, 국어 공부를 어떻게 해야 할지 막막하다고 고민을 토로한다.

이와는 반대로, 소수이긴 하지만 고등학교에 와서도 계속 국어 성적이 우수한 부류가 있다. 이런 학생들은 제한된 시간 안에 까다로운 수능 비문학 지문들을 비교적 잘 풀어낸다. 하지만 이런 학생들 가운데 상당수는 국어 시간에 읽는 인생과 사회에 대한 통찰이 담긴 인문학 텍스트를 시시하다고 생각한다. 왜냐하면 자신들이 그간 계속 훈련하면서 읽어온 '짧은 지문 속에 너무 많은 정보가 잔뜩 들어 있는' 비문학 글에 비해 현학적이지도 않고, 상대적으로 쉽게 읽히기 때문이다.

현재 수능 비문학 지문은 큰 문제가 있다. 학생들은 제시된 글에 대한 어떠한 쓸모나 필요도 느끼지 못한 채 아무런 맥락 없이 주어진 정보를 이해해야 하기 때문이다. 또 파편적인 지식만을 담고 있기에 학생들의 지적 호기심을 자극하지 못하고, 세상을 이해하는 시야를 넓혀 주지도 못한다.

독자에게 지적 호기심과 깨달음을 주는 깊이 있고 아름다운 글은 수능 지문으로 적합하지 않다. 짧은 지문 안에 아리송하고 까다로운 오지선다형 문제를 네댓 개 정도 출제할 만큼 복잡한 내용을 담아야 하고, 소위 수능에 걸맞은 난이도가 보장되어야 하기 때문이다. 그래서 수능 비문학 지문을 읽으면서 지적 흥미를 느끼거나 새로운 깨달음을 얻는 경우는 극히 드물다.

수능 비문학 지문은 결코 유발 하라리의《사피엔스》나 칼 세이건의《코스모스》같은 '명문(名文)'이 아니다. 그것들은 대개 논문 내용을 짜깁기하거나 문제 출제를 위해 다시 쓴 글인데, 어디까지나 문제를 출제하고 학생들을 변별하기 위한 목적에 맞춰진 글이라 양질의 글이 아니다. 좋은 글은 이해하기 쉬우면서도 통찰력을 주는 글이지 수수께끼 풀 듯이 읽어야 하는 글이 아니다.

그러나 수능 비문학 같은 저질(低質) 글에 오랫동안 익숙해지고 길들여지면 양질(良質)의 글을 알아보지 못하고 도리어 깔보게 되는 비극적인 현상이 일어난다. 게다가 인문학적 글이 담고 있는 철학적 깊이나 사유에 대해서는 제대로 이해하지 못하는 학생도, 수능 비문학 문제를 잘 푸는 자신을 '국어 잘하는 사람'이라고 믿어 의심치 않는다.

한편에서는 변별력 확보를 위해 지나치게 많은 정보를 욱여넣은 지문을 억지로 학습하면서 '국포자'가 양산되고 있다. 반대편에서는 인문학적 소양 따위는 없어도 오지선다 문제만 잘 풀면 된다는 오만함과 기능주의적 가치관이 자라나고 있다. 이러한 현실은 수능 위주의 비문학 교육이 낳은 가장 큰 폐해 가운데 하나다. 수능 위주의 비문학 수업에서 벗어나 삶을 위한 비문학 수업으로의 전환이 절실하다.

5. 독해력을 키우는 비문학 수업

EBS 〈그림을 그립시다〉라는 프로그램으로 널리 알려졌던 '밥 로스' 씨를 떠올려 보자. '밥 아저씨'라는 애칭으로도 불렸던 이분은, 30분 만에 굉장한 그림을 그리고서는 맨 마지막에 꼭 한마디를 덧붙인다. "이렇게 하면 돼요. 참 쉽죠?"

그래서 '참 쉽죠?'는 밥 로스의 유행어가 돼버렸는데, 시청자들에게는 너무 어려워 보이는 것을 당사자는 너무도 쉽게 해내면서 '너희도 이렇게 해봐.'라고 말하는 것이 웃음을 자아낸다. 결국 밥 로스에게는 '이것'이 있어서 쉽지만, 대부분의 우리에게는 '이것'이 없어서 어렵다. '이것'이 무엇일까? '미술 역량'이다. 역량이 있는 사람에게는 쉬운 것이 역량이 없는 사람에게는 어렵다.

글을 읽는 것도 마찬가지다. 대개 학원 강사들은 비문학을 잘 읽을 수 있는 어떤 특별한 요령이나 기술이 있는 것처럼 설명하지만, 사실 그런 것은 존재하지 않는다. 우리는 글을 어떻게 읽는가? 읽다가 이해가 안 되는 부분이 있으면 멈춰서 생각한다. 즉 이해가 안 되는 부분을 한 번 더 읽어보고, 그 의미를 생각해 보고, 앞뒤 문맥을 바탕으로 추론한다. 그리고 계속 읽어나간다. 이 과정을 반복하는 것이 글 읽기다. 역량이 있는 사람은 이를 자연스럽게 하지만, 역량이 없는 사람에게는 어렵다. 결국 그림을 그리는 데나 글을 읽는 데나 중요한 것은 '역량'이다.

그러나 현실은 녹록하지 않다. 학생들의 문해력을 키우는 '역량 중심 수업'을 하고 싶지만, 막상 비문학 수업을 하게 되면 어느새 글의 내용을 전달하는 데에 초점을 맞춘 '지식 중심 수업'으로 흘러가 버리기 때문이다. 그 이유는 무엇일까?

이는 비문학 글의 핵심 소재가 '이상 기체 상태 방정식'이나 '은행의 BIS 비율'과 같이 교사에게도 낯설고 어렵기 때문이다. 그러나 더 중요한 원인은 지문 해설을 위주로 하는 비문학 '수업 방법'에 있다. 교사 중심의 지문 해설 수업을 하면서 학생들의 독해력을 키울 수는 없고, 다른 사람의 지문 해설을 많이 듣는다고 역량이 커질 리 없다. 이는 축구 해설을 많이 듣는다고 해서 축구 실력이 늘지 않는 것과 같다.

그렇다면 역량을 키우기 위해서는 어떻게 해야 하는가? 역량을 키우려면 스스로 많이 경험해 보아야 한다. 축구를 잘하려면 축구를 많이 해야 하고, 수영을 잘하려면 수영을 많이 해봐야 하는 것과 같은 이치다.

6. 학생 중심 비문학 수업을 소개합니다

역량을 키워야 한다는 관점을 바탕으로 이 책에서는 학생 중심 수업의 여러 사례들을 소개하고자 한다. 현재 학교 현장을 떠올려 보면, '문학' 수업은 물론이고 '문법'처럼 전통적으로 강의 중심으로 운영되던 수업에서조차 학생 중심 수업 방법들이 다양하게 개발되어 활용되고 있다. 그러나 유독 '비문학' 수업에서만큼은 여전히 교사의 강의 중심 수업이 훨씬 더 일반적인 상황이다. 그러한 문제의식을 공유하는 교사들이 각자 현장에서 실천해 보고 충분히 검증받은 '학생 중심 비문학 수업 사례'들을 꺼내놓았다.

먼저 〈놀이로 마음 열기〉는 '비문학 읽기·쓰기는 어렵다'는 고정관념을 갖고 있는 교사와 학생을 위한 수업이다. 이 수업은 학생들과 함께 만든 것이어서 학생 눈높이에 잘 맞는다. 공부하기 싫지만 해야 하고, 읽기가 지루하지만 읽어야 하는 학생들을 위해서 오감을 활용하여 글을 읽고 마음을 움직이고 생각을 깨우는 수업으로 구성했다. 그리고 《오늘부터 나는 세계시민입니다》라는 책을 활용하여 '한 학기 한 권 읽기' 활동과 교과 융합 활동으로 연계했다.

여기서 소개하는 놀이 수업은 네 가지다. 먼저 '그림으로 말해요'는 시각을 활용한 놀이다. 읽기 단계로 봐서는 '예측하며 읽기'에 해당되기에 수업 전 활동으로 적절하다. '우리는 요리 해설사'는 다양한 감각을 활용하는 놀이로, '체계적으로 정보 파악하며 읽기'를 위한 수업 후 활동이다. '손가락 접어'는 시각과 청각을 활용하는 놀이로, '중심 내용 파악하며 읽기'를 위한 수업 후 활동이다. '우리가 여는 랩 축제'는 시각과 청각을 활용하며, '비판적 읽기'를 위한 수업 전후 활동이다.

위 네 가지 놀이를 모두 활용해도 좋지만, 선생님들 각자의 필요나 취향에 따라 놀이 방법을 선별하여 활용하거나 재구성하여 교사와 학생이 모두 행복한 또 다른 수업을 설계할 수도 있다.

〈읽기에 몰입하기〉는 비문학 베껴 쓰기 수업 사례를 다루고 있다. 베껴 쓰기의 목적은 '쓰기'가 아니다. 몰입해서 '읽기'가 핵심이다. 손뿐만 아니라 눈, 입, 귀까지 온몸을 두루 써서 글자 하나하나를 머리에 담으려는 것이다. 비유하자면, 육상 선수들이 모래주머니를 달고 훈련하는 것과 비슷하다. 모래주머니를 달고 달리면 오히려 더 느리다. 그런데도 그렇게 훈련하는 까닭은, 그렇게 '힘'을 길러야 그걸 뗐을 때 '속력'이 더 빨라지기 때문이다.

학생들은 웬만해서는 읽기에 집중하지 못한다. 글에 마음을 붙이지 못하고 붕붕 뜬다. 그렇게 해서는 어렵고 복잡한 글을 제대로 읽어낼 수가 없다. 베껴 쓰도록 하면 억지로라도 읽기에 몰입하게 된다. 이걸 경험하고 나면 학생들은 깜짝 놀라곤 한다. "선생님, 이게 제대로 읽는 거였어요! 저는 그동안 읽은 게 아니었어요."

역설적으로 말해서 베껴 쓰기의 목적은 베껴 쓰기를 버리는 것이다. 베껴 쓰지 않고도 베껴 쓰는 것만큼의 집중력으로 글을 읽는 힘을 기르는 것, 그게 베껴 쓰기를 하는 이유다. 어떻게 하면 잘 베껴 쓸 수 있는지, 수업 단계에 따라 자세히 풀어놓았다.

〈요약하며 읽기〉에서는 비주얼씽킹으로 요약하면서 학생들이 글을 스스로 읽는 힘을 키우는 수업 방법을 소개한다. 비주얼씽킹 요약하기 수업은 먼저 요약하기의 목적이 글 이해에 있음을 확인한다. 그리고 요약의 규칙을 기계적으로 적용하는 것에 국한하지 않고, 읽기 기능을 종합적으로 활용하여 자신만의 언어로 재구성하는 요약의 과정을 비주얼씽킹 활동을 통해서 경험한다.

이 사례에서는 그림이 아닌 글 이해 전략으로서 비주얼씽킹을 안내하는 방법, 비주얼씽킹으로 요약하는 방법, 수업 분위기 조성 및 피드백 방법 등을 소개한다. 더 나아가 학생들이 비주얼씽킹을 활용하여 비문학 글을 이해하고, 신문을 스스로 읽으며 사회문제를 탐구했던 수업 사례도 소개한다.

비주얼씽킹 요약하기 수업을 통해 교사는 학생들의 읽기 과정을 피드백할 수 있고, 학생들은 온전히 자신의 힘으로 글을 이해하는 경험을 바탕으로 능동적인 독자로 성장할 수 있다.

〈주체적으로 읽기〉에서는 '설명하며 읽기'와 '질문하며 읽기'라는 두 가지 수업 방법을 소개한다. 우선 '설명하며 읽기'는 사실적 이해 능력을 기르기 위한 수업이다. 이 수업은 '짝 설명하기'와 '모둠 대표 가르치기' 수업으로 이루어져 있다. 학습이 제대로 이루어지기 위해서는 '입력, 정리, 표출'이라는 3단계가 필요한데, 이 수업은 이러한 3단계를 따르고 있다. 즉 핵심 내용을 요약하면서 글을 읽고(입력), 글의 내용을 머릿속에 정리하고(정리), 그 내용을 다른 사람에게 설명한다(표출). 이 수업은 학생들이 주체적으로 글의 주요 내용을 기억하고 내용을 이해하면서 읽는 것을 유도하는 것이 목적이다.

'질문하며 읽기'는 추론적·비판적·확장적 이해 능력을 기르기 위한 수업이다. 이 수업 역시 3단계를 거친다. 학생들이 스스로 질문을 만들고, 모둠의 주요 질문을 선정하고, 그 질문에 대한 답을 함께 토의하는 과정이다. 이 수업을 통해 학생들은 의미 있는 질문을 던지는 힘을 키우고, 정답 없는 질문에 대해 함께 고민하면서 생각하는 힘과 소통하는 힘을 키울 수 있다.

〈깊게 읽기〉는 논문을 읽고 보고서를 작성하는 활동이다. 이 수업을 통해 학생들은 독해력과 함께 진로 탐구 역량을 기를 수 있다.

비문학 수업은 교사가 전체 학생에게 일괄적으로 똑같은 글을 제시해서 읽게 할 때보다 학생들이 각자 자신의 관심사와 관련된 글을 찾아서 읽게 할 때 훨씬 효과적이다. 그러면 학생들이 글을 읽을 때 더 몰입할 수 있고, 다소 어려워 보이는 글에도 선뜻 도전 정신을 발휘할 수 있기 때문이다.

그러나 학생들은 어떤 글을 어떻게 찾아 읽어야 할지 잘 모르고, 교사는 이를 어떻게 지도해야 할지 난감한 경우가 많다. 그래서 이 수업에서는 퀴즈를 통해 서로의 관심사를 공유하는 방법, 주요어(키워드) 선정 등 논문을 탐색하는 구체적인 방법을 안내했다. 또 교사와의 대담을 통해 주제를 선정하는 여러 사례들을 소개하고, 탐구 보고서를 작성하는 방법을 설명했다.

이러한 활동을 통해 학생들은 글을 선정하는 역량, 주요 내용을 선별하는 역량, 연계 탐구 역량 등을 키우고, 학술적인 글 읽기에 대한 두려움도 극복할 수 있다.

'비문학'이라는 난제의 해결책을 모색해 보고자 이 책을 만들었다. 이 책에 소개된 다섯 가지 수업 사례는 중학교에서나 고등학교에서 모두 유용하게 쓸 수 있는 수업 방법이라고 확신한다. 다만 이 책에서 소개하고 있는 수업 방법들이 모든 교사에게 확실한 '정답'은 아닐 것이다. 이 책을 읽는 선생님들께서 이 책에 소개된 여러 가지 수업 사례들을 바탕으로 새로운 고민과 아이디어를 보태어 활용한다면 분명 더 좋은 모범 답안이 나올 것이다.

부디 이 책이 더 행복한 수업을 꾸리고, 이를 통해 학생들이 더 주체적이고 건강한 삶을 영위해 나가는 데에 작은 밀알이 되길 소망한다.

2부

비문학 읽기 수업,
어떻게?

누구나 할 수 있는
읽기·쓰기 수업

이경옥

수업 개요

"중학교에서는 비문학 수업을 안 해요? 매번 바닥에서 다시 시작해야 해요. 어렵지만 그래도 가장 중요한 수업인데……."

고등학교에 근무하는 국어 교사가 질책하듯 말씀하셨다. 줄곧 중학생을 가르치며 비문학 수업을 제법 하고 있다고 자부하던 나로서는 큰 충격이었다. 정작 나부터 수능 비문학 문제 풀이에는 관심이 없다는 사실을 깨달았기 때문이다. 그때부터 수능 비문학 문제를 풀기 시작했다. 내용의 어려움에 압도되어 문제가 요구하는 정답에 다가가기 어려웠다.

'중학교에서 나한테 배운 아이들이 고등학교에 진학해서는 이런 문제를 풀어야 하는구나!'

우리나라 교육과정의 초-중-고 연계 문제는 차치하고, 내가 가르쳤던 학생들에게 미안한 마음이 먼저였다. 어떻게든 해결해야겠다는 생각이 들었다.

중학교 비문학 교육과정과 교과서를 검토해 보았다. 바탕글은 학생들의 호기심을 고려하지 않았고, 학습 활동은 성취기준을 충실히 따르기에 급급했다. 학생들의 관심과 흥미는 고려 대상이 아니었다. 그러다 보니 교사와 학생들이 피해 가고 싶은 생각이 들게 만드는 단원이 되어버렸다.

가르치는 교사와 배우는 학생들이 더불어 즐거워하며 비문학을 공부할 수 있는 활동을 고민하기 시작했다. 학생들이 비문학에 관심을 가지도록 이끌 묘안을 찾고 싶었기 때문이다. 교사의 가르침에 중점을 두지 않고 학생들의 즐거운 배움에 초점을 맞추어 놀이와 연결해 보기로 했다.

　　도저히 방법이 생각나지 않아서 나를 돌아보았다. 힘들지만 누가 시키지 않아도 빠져드는 게 무엇인지 생각해 보았다. 등산이었다. 무거운 배낭을 메고 숨을 헐떡거리며 힘겹게 정상을 오르지만, 또 가고 싶고 하고 싶어지는 까닭은 재미와 성취감 때문이었다. 학생들이 재미와 성취감을 느낄 수 있는 걸 찾아야겠다는 생각이 들었다.

　　노래, 그리기, 놀기, 이야기하기……. 머리만 쓰는 이성적 사고 중심 수업이 아니라 '읽기를 바탕으로 오감을 사용하는 감성 중심 수업'이 되어야 한다는 결론을 얻었다. 가만히 앉아서 일방적으로 듣는 수업이 아니라 학생 스스로 움직이는 수업. 그렇게 오감을 활용한 비문학 놀이 수업을 구상했다.

오감을 활용한 비문학 놀이 수업

순서	읽기 영역	놀이 제목	활동 시간	오감
1	예측하며 읽기	그림으로 말해요	수업 전	시각
2	체계적 정보 파악하며 읽기	우리는 요리 해설사	수업 후	시각, 미각 후각, 촉각
3	중심 내용 파악하며 읽기	손가락 접어	수업 후	시각, 청각
4	비판적 읽기	우리가 여는 랩 축제	수업 전후	시각, 청각

'예측하며 읽기'는 읽기를 힘들어하는 학생들을 유인하기에 매우 효과적이어서 읽기 시간에 자주 사용하는 활동이다.

학생들은 주어진 정보들로 상상력을 동원해서 바탕글의 내용을 나름대로 예측하고 자기 생각을 적극적으로 표현한다. 이 활동은 학생들을 침묵하지 않게 하는 가장 능동적인 읽기 활동이다.

'체계적 정보 파악하며 읽기'는 배경지식을 활용하여 글의 내용을 이해하고 문제 해결 능력을 기르기 위한 활동이다. 글을 읽고 '이미 알고 있는 것, 새롭게 알게 된 것, 알고 싶은 것, 더 알아야 할 것'을 정리해 봄으로써 내용 이해는 물론 확장적 읽기 활동으로 나아갈 수 있다.

'중심 내용 파악하며 읽기'는 읽기에서 핵심인 글 전체의 중심 생각을 찾아내는 활동이다. 중심 내용을 찾으려면 세부 내용 간의 관계, 내용 전개 과정, 글의 구조 등을 파악해야 한다. 그 과정을 통해 글쓴이가 글 전체에서 말하고자 하는 주제를 찾을 수 있다.

'비판적 읽기'는 '어떻게'보다는 '왜'를 더 중요시하는 읽기다. 글의 중심 내용을 파악한 다음에 그러한 사실이나 주장에 대해 의문 갖기, 반론 제기하기, 실천적 삶과 연계하기까지의 확장적 사고가 비판적 읽기의 목적이다.

비판적 읽기는 내용을 예측하고, 정보를 바탕으로 체계적으로 이해하고, 중심 내용을 찾는 것에서 한 걸음 더 나아가 사실 또는 주장과 근거의 타당성과 적절성을 판단하는 읽기 활동이다. 이는 우리 삶을 변화시킬 수 있는 실천적 행동으로까지 이어질 수 있다.

수업 시간에 그림같이 앉아 종이 치기만을 기다리는 아이들, 교과서를 읽지만 무슨 뜻인지 몰라 눈만 끔뻑이는 아이들, 교사의 설명을 듣지만 이해하지 못하고 행여 교사가 질문이라도 하지 않을까 마음 졸이는 아이들, 그래서 어두운 표정으로 교사를 바라보는 아이들……. 늘 아픈 손가락이었다. 이런 학생들을 위한 교사가 되고 싶었다.

흔히 성적이 저조한 학생들은 공부에 대한 흥미와 관심이 없을 것이라고 오해한다. 그러나 그 아이들도 공부가 꼭 필요하다는 건 알고 있다. 그 아이들에게 맞는 방법만 제시하면 누구보다 열심히 수업에 참여한다. 그렇게 열심히 활동에 참여하는 아이들을 보면 교사로서 참 행복하다. 여기서 소개하는 수업 사례들을 통해 더 많은 학생들과 교사가 행복한 비문학 수업을 할 수 있었으면 좋겠다.

비문학 놀이 수업에 활용한 책

UN에서 정한 세계 기념일을 물꼬로 2030년까지 세계가 함께 이루어야 할 17개의 '지속가능발전목표'에 대해 서술했다. 나와 사회, 세계를 연결하는 질문을 던지고 사례를 통해 오늘날 직면한 여성·환경·노동·차별·혐오 등의 이슈를 쉽게 이해할 수 있다. '세계시민 To Do List'를 제안하여, 우리가 세계시민으로서의 역할을 다할 때 변화를 볼 수 있음을 전하는 책이다.

수업 시간에 논다는 것

교사: 여러분! 이번 시간에는 같이 놀까요?

학생: 와! 좋아요. 근데 뭐 하고 놀아요?

교사: 우선 이 책에 있는······.

학생: 이럴 줄 알았어요. 책 가지고 하는 게 공부지 노는 거예요?

아이들에게 '놀아볼까?'라고 하면 수업하지 않고 자유 시간을 주는 줄 알고 무척 좋아한다. 그런데 책을 읽고 함께 활동해야 한다는 사실을 알고 나면 투덜거린다. 그러다가도 "그럼 교과서 진도 나갈까요?"라고 하면 태도가 확 바뀐다. "선생님, 아니에요. 어떻게 하면 되나요?"

1. 청소년 시기의 놀이, 왜 좋은가?

"저 친구 노는 애야. 가까이하면 안 돼." 이런 말을 들으면 비행 청소년을 떠올린다. 폭력적이고 안하무인이고 비도덕적인 언행의 소유자라고 생각한다. 모든 사람이 노는 걸 좋아하는데 청소년에게는 유독 혹독한 잣대를 들이댄다. 청소년의 삶에서 놀이는 부정할 수 없는 일부분인 걸 알면서도, 그것이 공부를 방해한다는 이유로 공존할 수 없는 것이라 여긴다.

네덜란드 학자인 요한 하위징아(Johan Huizinga)는《호모 루덴스》

에서 놀이는 자발적 행위이고 언제라도 그만둘 수 있으며 일상 혹은 실제 생활에서 벗어난 행위, 경쟁에서 이기고 싶은 강렬한 욕망에도 불구하고 게임의 규칙을 준수하고 그 자체로 만족감을 얻는 일시적 행위라고 했다.

청소년은 놀이를 하면서 흥미를 느끼는 동시에 인간관계를 형성하고 문제 해결력을 습득할 수 있다. 특히 재미있는 놀이일수록 갈등이 발생할 가능성이 높은데, 이를 해결하고 화해하는 과정에서 상대방을 설득하거나 타협하는 능력을 스스로 터득할 수도 있다. 공부도 놀이가 된다면 아이들이 지치지 않고 재밌게 학교생활을 할 수 있지 않을까?

확실히 학생들은 수동적인 수업에서는 집중력과 호기심이 떨어진다. 아이들 스스로 신체 활동을 하면서 오감을 느끼게 해야 한다. 그게 바로 놀이 수업이다.

2. 학생에게 주도권을 넘기는 놀이 수업

'교사와 학생이 즐거움을 느끼는 놀이가 다를 텐데, 어쩌지?'
'학생들이 흥미를 느끼면서 할 수 있는 놀이가 무엇일까?'
'놀이하면서 수업의 내용을 어떻게 전달하면 좋을까?'
'놀이로 인한 시끄러운 분위기가 지속되면 어쩌지?'

놀이를 수업에 접목하려 했을 때 고민이 끊이지 않았다. 처음에는 시행착오의 연속이었다. 내가 찾은 놀이에 아이들이 별 흥미를 느끼지 않을 때도 있었고, 함께 즐겁게 놀이에 참여했으나 수업과 연계시키지 못한 적도 있었다. 그런 시행착오가 거듭되면서 '교사 중심'의 한계를 뼈저리게 느꼈다. '아이들이 좋아할 만한 놀이를 왜 교사가 고민하고 있지?'라는 뉘우침과 함께 학생들에게 주도권을 넘겨주어야 한다는 걸 깨달았다.

아이들에게 알고 있는 놀이를 물어보고 그걸 수업과 연결했다.

교사: 여러분이 재미있는 놀이를 알려줘요. 수업 시간에 할 수 있는 놀이 제목과 놀이하는 방법을 종이에 적어주세요.

그림으로 말해요 - 예측하며 읽기

수업 개요

- **읽기 영역:** 예측하며 읽기
- **수업 제재:** 《오늘부터 나는 세계시민입니다》
- **활동 시간:** 수업 전
- **수업 목표**
  - 교과서 제재에서 핵심 단어를 그림과 연결시키는 활동을 수업 전에 실시하여 어려움을 해소한다.
  - 수업 후 스스로 그린 그림이 연상되어 장기 기억에 도움을 준다.
- **수업 준비물:** A4 용지, 사인펜, 교사가 만든 10개의 단어(중심 단어)

이런 놀이를 수업에 도입하게 된 계기가 있다. 예진이는 종종 수업 시작종이 울리고 나서야 교실에 들어왔다. 쉬는 시간에 화장을 하느라고 바쁘기 때문이다. 수업 시간에도 교과서보다 더 큰 거울을 수시로 보곤 했다. 때로는 수업 마치는 종이 울리기도 전에 화장하려고 교실을 뛰쳐나가곤 했다.

그런 예진이가 종이 쳐도 교실을 나가지 않았고, 다음 수업 시간에도 무언가에 집중하고 있었다. 설명문 단원에서 미술과와 융합수업으로 '화가 전시회 리플릿 만들기'를 모둠 협력학습으로 진행하는 시간이었다. 예진이는 모둠 활동 결과물의 그림을 마무리하느라 정신이 없었다. 교과서도 잘 가지고 다니지 않던 예진이 옆에는 커다란 파우치에 가득 담긴 색채 도구가 펼쳐져 있었다.

예진이는 작업을 마치고 나서 고개를 들며 발그스름해진 얼굴로 웃었다. 미안했다. 열정을 쏟아 이루고자 하는 내재적 동기를 갖게 하는 수업을 해주지 못해서. 한편으로는 고마웠다. 뭉클한 웃음을 주어서. 다음은 예진이가 만든 활동 결과물이다.

화가 정보 수집 활동지

이중섭의 성장 배경은?	부유한 농가 아들로 태어나 아무 부족함 없이 살았다. 그는 학창 시절부터 유난히 그림 실력이 뛰어났다.
결혼 이후 이중섭의 삶은?	마사코가 조선으로 와 결혼을 한 후 아이를 낳지만 태어나자마자 세상을 떠나고 말았고, 그때 이후로 이중섭의 삶은 이상하리만큼 아프고 고되게 이어져 갔다. 두 아이가 태어나 잠시나마 행복했지만, 한국전쟁이 일어나면서 힘들게 살다가 마사코와 두 아이는 일본으로 건너갔다. 그 후 이중섭은 가난과 외로움 속에 살다 쓸쓸히 죽었다.
이중섭이 게를 많이 그린 이유는?	너무 많이 잡아먹은 게들에게 미안한 마음이 들어서
이중섭이 은지화를 그린 이유는?	도화지 살 돈이 없어 담뱃갑 속지인 은색지에다 그림을 그리기도 했다.
〈길 떠나는 가족〉의 특징은?	얼핏 보면 행복한 아이들과 함께 있는 한 가족의 평온한 나들잇길처럼 보이는 작품. 사실은 뼈에 사무치는 아픔과 그리움으로 완성된 그림이라는 것은 화가의 삶을 알아야만 알 수 있는 부분이다.
이중섭을 다룬 글을 읽고 나의 느낌과 생각 쓰기	부족함 없는 집에서 살았지만 전쟁이 모든 것을 빼앗아 간 이중섭의 삶이 불쌍하다. 하지만 어려움 속에서도 꿋꿋이 그림을 그린 이중섭이 멋졌다.

학생들은 누구나 수업에 열심히 참여하고 싶어 한다. 그런데 교사인 내가 그들이 원하는 방식의 수업을 하지 않았을 뿐이다. 그러면서 열심히 참여하지 않는 아이들을 탓하고 있었다. 예진이를 보며 깨달았다. 아이들이 원하는 방식을 찾아주기만 하면 수업에 몰입할 수 있다는 것을.

1. '그림으로 말해요' 수업 과정

① 책 훑어보기

함께 읽을《지금부터 나는 세계시민입니다》의 표지 그림, 제목, 작가, 출판사 등을 훑어보게 한다.

② 놀이판 만들기

A4 용지에 10칸을 만들어 1번부터 10번까지 번호를 적는다. 교사가 시간 여유가 있다면 이 표를 미리 만들어서 나눠줄 수도 있고, 그렇지 않다면 교사가 칠판에 그려서 보여주고 학생들이 직접 하도록 해도 된다.

③ 핵심어 선정하기

함께 읽을 글에서 교사가 핵심 단어 10개를 선정한다. 이 단어들은 글의 내용에서 뽑았음을 안내한다.

④ 그림으로 표현하기

교사가 단어를 말하면 그것을 한 칸에 하나씩 그림으로 표현하도록 한다. 이때 주의할 점이 몇 가지 있다.

[주의할 점]
- 시간은 10초로 짧게 주는 게 좋다. 교사가 손가락을 접으며 큰 소리로 숫자를 세면서 시간을 알려준다.
- 머리에 떠오르는 이미지를 재빨리 그림으로 그리되, 그게 어떤 단어를 표현한 그림인지 알 수 있어야 한다.
- 그림 이외에 단어를 암시하는 문자나 숫자를 쓰면 안 된다.
- 시간 안에 그림을 완성하지 못하면 다음 그림으로 넘어간다.

⑤ 단어 맞히기

교사가 번호를 부른다. 학생들은 자기 그림을 보고 그게 어떤 단어인지 알면 손을 든다. 손을 들지 않고 답을 말하는 학생은 인정하지 않는다. 손을 들고 교사가 지명할 때까지 기다린다. 교사가 지명해서 단어를 말한 학생은 그 단어에 대해 알고 있는 내용을 덧붙인다.

교사가 선정한 단어

① 인권   ② 교육   ③ 안중근   ④ 갑오개혁   ⑤ 빈곤

⑥ 전태일   ⑦ 민주화   ⑧ 빈부격차   ⑨ 우리 소원   ⑩ 온난화

단어를 그림으로 표현하기 – 개별 활동

⑥ 단어 분류하기

단어 10개를 모두 맞히면 모둠 협의를 통해서 관련 있는 단어끼리 분류한다. 그 과정을 통해서 학생들이 자연스럽게 글의 내용을 예측할 수 있다. 굳이 "글의 내용을 예측해 보세요."라고 명시적으로 드러내지 않아도 된다.

⑦ 예측하는 글쓰기

단어를 마인드맵 형태로 분류하고 예측한 내용을 글로 쓴다. 큰 종이
한 장에 쓰면 서로의 글을 공유할 때 번거롭다. 4절지 두 장을 사용하면
모둠원 모두가 참여하고 서로의 글을 공유하기도 편하다.

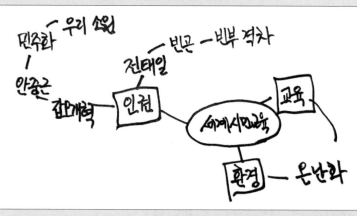

단어를 활용하여 내용 예측해 보기 - 모둠 활동

마인드맵 형태로 분류하기

내용 예측해서 쓰기

세계시민교육에는 인권, 교육, 환경이 있다. 인권이 존중된 것은 갑오개혁을 시작으
로 안중근 의사의 독립운동, 민주화, 우리의 소원 통일에까지 이어진다. 전태일 열
사의 희생으로 빈곤 계층의 노동 착취와 빈부 격차의 심각성을 알게 하였다. 지구
온난화로 인한 환경 문제는 교육으로 해결해야 한다.

2. 이 수업의 목표

① 생동감 넘치는 비문학 읽기

학생들은 빠르게 진행되는 놀이로 인해 긴박감을 즐기곤 한다. 단어를 10초 안에 그림으로 표현할 때 학생들은 "잠깐만요, 선생님! 다 했어요. 조금만 기다려주세요."라며 살아 있음을 온몸으로 표현한다. 생동감 넘치게 비문학 읽기! 이것이 이 수업의 1차 목표다.

② 낯선 내용을 친숙하게 느끼기

그림으로 표현한 단어를 여러 번 되새기는 과정에서 그 단어를 친숙하게 여기게 된다. 낯선 내용을 친숙하게 느끼기! 그것으로 비문학 읽기의 2차 목표는 달성되었다. 낯선 글을 접할 때, 흥미를 느끼기 어려운 글을 읽어야 할 때, 그럴 때일수록 이런 과정이 필요하다.

③ 비문학에 성큼 다가서기

모둠 협의를 통해 핵심 단어 10개를 활용하여 마인드맵으로 표현하고, 글의 내용을 함께 예측하여 써보는 활동을 통해 학생들은 글 속으로 더욱 깊숙하게 들어가게 된다. 조금 어려운 글이라도 이렇게 단계를 거치면 학생들은 덜 버거워한다. 비문학에 성큼 다가서기! 이로써 비문학 읽기의 3차 목표도 달성되었다.

④ 능동적이고 주체적으로 읽기

모둠 활동 내용을 공유하면서 서로 같은 부분과 다른 부분을 비교해 볼 수 있다. 학생들에게는 함께 읽으며 모둠에서 예측한 내용이 있으면 표시하게 하는 임무를 부여한다. 능동적이고 주체적으로 읽기! 비문학 읽기의 4차 목표다.

수업 개요

- **읽기 영역:** 체계적 정보 파악하며 읽기
- **수업 제재:** 《오늘부터 나는 세계시민입니다》 – 5월 22일 '세계 생물다양성의 날'
  / 12월 18일 '세계 이주자의 날'
- **활동 시간:** 수업 후
- **수업 목표**
  - 동일한 음식 이름이지만 재료에 따라 달라지는 요리를 보며, 글에 있는 정보에 따라 글도 달라짐을 이해한다.
  - 재료 배치에 따라 달라지는 모양을 보고 문단의 체계적 배치의 필요성을 이해하고 레시피 작성 방법을 안다.
  - 옳고 그름의 문제가 아니라 다름을 이해하고 존중하는 마음을 통해 생물 다양성과 문화 다양성의 가치를 안다.
- **수업 준비**
  - 학생들은 요리 재료를 준비한다. (모둠 활동)
  - 환경을 위해 일회용품을 사용하지 않도록 미리 안내한다.
  - 불을 사용하지 않는 요리를 선정한다. (김밥, 샌드위치, 비빔밥 등)
  - 위험한 도구(칼, 가위 등)와 품평회용 접시는 교사가 준비한다.

어느 날 갖게 된 피자 파티, 학생들은 무척 즐거워했다.

교사: 얘들아, 피자 맛있니?

학생 1: 네. 그런데 저는 이 피자보다는 다른 피자를 좋아해요.

학생 2: 넌, 그 피자가 좋아? 난 그것 말고 다른 피자를 좋아해.

교사: 그렇구나. 두 피자는 뭐가 다르니? 왜 그 피자를 좋아하는 거야?

아이들은 저마다 자기가 좋아하는 피자와 그 이유를 말하고 친구들을 설득하기까지 했다. 즐겁게 먹고 이야기하는 모습을 보며 영감을 얻어 이를 국어 수업과 연결해 보았다. 자기가 좋아하는 피자 레시피를 써보도록 한 것이다. 아이들은 어려워하지 않고 잘 썼다. 그림까지 그려가면서. 그것을 모아서 피자 요리책을 만든 적도 있다. 사진으로 남기지 못한 아쉬움이 크다.

그 이후, 기념일이 되면 음식을 만들기로 했다. 밸런타인데이에 초콜릿을 만들었는데, 맛있고 예쁘게 만들어진 기존의 초콜릿을 녹여서 각자의 취향대로 만든 이상한 모양의 초콜릿을 보며 많이 웃었다. 그것을 건네줄 누군가를 생각하며 아이들은 초콜릿 만드는 일을 매우 즐거워했다.

아이들은 모두 성장하기를 꿈꾼다. 잘한다고 칭찬받기를 원한다. 그런데 그들이 살아가는 학교, 집, 학원에서는 칭찬받기가 쉽지 않다. 동일한 통제 속에서 동일한 삶을 요구당하는 아이들에게 자신의 생각과 삶이 인정받는 경험을 갖게 하고 싶었다. 아이들에게 "참 잘했네. 어떻게 이런 생각을 했어?"라는 말로 효능감을 느끼게 해주고 싶었다. 이것이 국어 수업에 요리를 연계하게 된 계기다.

1. '우리는 요리 해설사' 수업 과정

교사: 여러분은 요리 해설사가 될 거예요. 요리 영상을 보고 되도록 많은 정보를 기억하기를 바랄게요.

① 영상을 보고 기억나는 정보 순서대로 배열하기

영상 – 요리 프로그램

요리 과정이 잘 드러나는 영상을 보고 기억나는 정보를 개별적으로 적어 칠판에 붙이고 순서대로 정보(요리명, 재료와 분량, 만드는 방법, 주의 사항 등)를 정리하게 한다. 학생들은 칠판에 붙어 서서 "이게 먼저야. 다음은 뭐였더라……." 이렇게 서로 협의하며 정보를 떼었다 붙었다 하면서 순서를 맞춰 나간다.

교사: 기억의 조각들을 모아서 여러분이 요리 레시피를 만들었네요. 여러분은 이미 훌륭한 요리 해설사라는 생각이 들어요.

학생들은 요리 순서를 늘어놓으면서 스스로 정보를 체계적으로 읽고 구성하는 것이 왜 중요한지를 알게 된 것이다.

② 모둠별 요리 만들기

모둠 요리 만들기 – 김밥, 샌드위치

교사: 이제, 우리도 직접 요리를 하고 나서 레시피를 만들어볼 거예요. 오
늘 우리가 만들 요리는 김밥 또는 샌드위치입니다. 하지만 여러분
이 준비한 재료와 만드는 방법에 따라 모둠만의 요리가 만들어질
거예요. 그러니까 요리 이름은 창의적으로 다시 짓고 역할 담당도
정해주세요.

학생들에게 창의적인 요리 이름의 예를 들어준다. '4인 4색(모둠원 4명
이 4개의 재료로 만드는 다르지만 조화로운 맛)' 같은. 그리고 모둠원들끼리
각자 역할을 나누도록 했다. 요리 레시피 기록자, 주방장, 푸드스타일리
스트, 사진작가, 발표자.

교사: 주방장을 중심으로 재료를 준비하고, 어떻게 만들 것인지 논의한

후 만들어야 해요.

③ 품평회 준비와 레시피 작성하기

교사: 먹기 전에 푸드스타일리스트를 중심으로 품평회를 위한 요리를 접시에 담아 제출해 주세요. 기록자는 모든 과정을 기록하고, 사진작가는 과정을 휴대폰으로 촬영하면 레시피 작성에 도움이 돼요. (요리 이름과 의미, 재료와 분량, 만드는 방법, 요리의 효과 등)

④ 요리 해설하기
요리 해설자는 기록자가 적은 것과 사진작가가 촬영한 사진을 보고 모둠에서 만든 요리를 보여주며 설명한다.

2. 요리책 만들기

교사: 이제 다른 사람들에게 소개하는 요리책을 만들어볼 거예요. 중요한 것은 정보를 체계적으로 제공하는 거예요. 그래야 다른 사람들도 요리책을 보고 그 요리를 만들 수 있을 테니까요.

모둠별로 요리 만드는 과정을 담은 사진과 기록을 모아 레시피를 만들고, 그것을 모아 학급별 요리책을 만든다. (사진 대신에 그림으로 그려도 되고, 만드는 방법은 안내하는 순서를 몇 차례로 할지 정해준다. 그렇지 않으면 너무 간략하게 작성하는 경우가 생긴다.) 아이들은 요리책을 만들면서 독자들이 쉽게 따라 할 수 있도록 정보(재료의 특징, 과정)를 체계적으로 구성하는 것이 왜 중요한지 인식하게 된다. 또한 '내 것도 맛있고, 네 것도 맛있다.'라는 다양성이 주는 의미를 요리 레시피에 후기로 남긴다. 놀이가 읽기 수업으로, 더 나아가 가치 수업으로 확장된 것이다.

요리책 후기 – 시로 표현하기

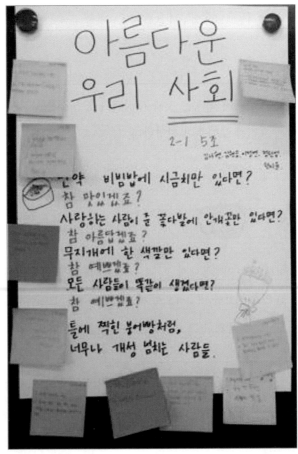

손가락 접어 – 중심 내용 파악하며 읽기

- **읽기 영역:** 중심 내용 파악하며 읽기
- **수업 제재:** 《오늘부터 나는 세계시민입니다》 – 4월 22일 '세계 지구의 날'
- **활동 시간:** 수업 전
- **수업 목표**
  - 글에 담긴 문제의식과 의미를 공감할 수 있다.
  - 글에 담긴 정보를 정리하여 중심 내용을 파악할 수 있다.
  - 선택적 느림과 가난의 의미를 안다.
  - 실천적 행동을 하는 세계시민으로 성장한다.

'손가락 접어'는 예전에 내 아이의 손가락 근육을 키우기 위해 자주 했던 놀이다. 말을 하기 시작하면서부터는 손가락을 접었다 폈다 반복하면서 말놀이를 하며 단어를 알게 되었다. 음식을 먹을 때, 장난감을 찾을 때, 무언가를 부탁할 때 등 여러 상황에 사용되었다. 이 놀이는 사물과 현상에 대한 관찰력과 타당한 근거를 찾으려는 논리적 사고를 갖게하는 데 도움이 되었다. 어른이 다 된 지금도 "다섯 가지 이유를 말해봐." 같은 말을 습관처럼 하는 것을 들을 때마다 어린 시절의 예쁜 말소리가 떠올라 행복했다.

학생들은 쉬는 시간에는 각자 다른 표정으로 떠들썩하다가 수업이 시작되면 거의 비슷한 표정으로 영혼은 다른 곳에 둔 것처럼 앉아 있는 것을 보게 된다. 어떻게든 그들의 표정을 찾게 하고 싶었다.

어떤 준비도 필요 없이 쉽게 할 수 있는 것을 고민하다가 우리 몸을 활용하는 놀이를 하기 시작했다. 수업 시작 전에는 손가락만 움직이는 놀이가 적절하다. 일어나서 온몸을 사용하는 놀이를 하면 안정된 수업 분위기를 만드는 데 시간이 많이 걸리기 때문이다.

"애들아, 바로 전 시간 무슨 과목이었어요?"

"그럼, 무슨 내용을 배웠어요?"

"어떤 방법으로 수업을 했어요?"

"애들아, 선생님이랑 함께 놀아볼까?"

'몸으로 단어 표현하기' 활동 수업

놀이를 통한 수업을 첫 시간에 하고 나면 그다음부터는 자연스럽게 받아들인다. 학생들이 스스로 설득당한 것이다. 교사 스스로도 자신이 학생일 때 어떤 수업을 기대했는지를 생각해 보면 어떨까? 확실한 것은 비슷한 방식의 수업이거나 동일한 자세로 수업을 받을 때 집중력과 호기심이 떨어진다는 것이다. 특히 청소년기에는 신체 활동을 통해 오감을 느끼게 해야 한다.

'손가락 접어' 놀이는 수시로 활용할 수 있다.

1. '손가락 접어' 수업 과정

교사: 오늘은 《오늘부터 나는 세계시민입니다》 중 '4월 22일 세계 지구의 날'을 읽을 거예요. 읽고 나서 게임을 통해 세계시민으로서 중요한 가치인 '연대'와 '공동체 의식'을 느낄 수 있을 거예요. 왜냐하면 개별 승자를 선정하는 것이 아니라 모둠 승자를 선정하기 때문이에요. 승자들은 자신이 적은 내용을 설명할 수 있어야 해요.

① 모둠이 선정한 중심 문장 적기

각 모둠은 읽은 글(2개의 소제목)에서 가장 중요하다고 생각하는 내용을 쪽수와 함께 2개씩 적어 제출한다. (총 17개의 소제목이므로 2개의 소제목을 학습하고 놀이를 하는 것이 효과적이다.) 교사도 중심 문장을 종이에 적는다. 모둠에서 적은 것을 모아 중복되는 것은 빼고 게임에 활용할 것들을 마련한다.

모둠에서 선정한 중심 문장

석유를 확보하는 것에 급급한 나머지 환경에 신경 쓰지 않는다.

74쪽, 1모둠

많은 결정의 중심에 석유가 있습니다.

70쪽, 1모둠

석유보다 이산화탄소 배출이 적다는 연구 결과가 발표되면서 유럽연합은 바이오에탄올 사용을 적극 권장했다.

75쪽, 2모둠

수천 명의 미군과 수만 명의 이라크 시민의 목숨을 앗아간 전쟁의 진짜 목적은 석유라고 분석했다.

70쪽, 2모둠

전쟁 이후 서방의 석유 기업들이 아라크의 석유개발권을 장악했다.

70쪽, 3모둠

온난화는 오랜 시간 무분별하게 온실가스를 배출해 온 선진국이 책임져야 할 문제다.

78쪽, 3모둠

옥수수가 석유를 대신할 수 있을지도 모릅니다. 하지만 그전에 옥수수가 만들어지는 과정이 윤리적인지 고민하지 않는다면 에너지 종류만 바뀔 뿐 문제는 또다시 반복된다.

79쪽, 4모둠

국가의 안보를 책임졌던 석유가 이제는 세계를 불안에 떨게 만들고 있습니다.

70쪽, 4모둠

미국 석유기업인 텍사코가 아마존의 원유를 개발하는 과정에서 나온 유독성 폐수를 그대로 자연에 버리기 시작한 것이다.

78쪽, 5모둠

국가와 지역이라는 틀을 벗어나 문제를 바라보면 피해자는 항상 시민이라는 사실을 알 수 있습니다.

80쪽, 5모둠

교사가 선정한 중심 문장

쿠웨이트가 당근만 키웠다면 우리는 전쟁에 관여하지 않았을 겁니다.

70쪽

오염된 강과 바다로 피해를 보는 것은 인근에 사는 주민들과 자연이다.

74쪽

지속 가능한 에너지가 평화를 만든다.

77쪽

정부가 행동하기를 거부한다면 도시가 시장을 통해 개별적인 성과를 만들어냄으로써 새로운 국가 정책을 만들어나가야 할 것이다.

78쪽

기후 변화가 현실이며 인간이 만들어낸 결과라는 것을 의심하는 사람은 없을 것이다.

78쪽

당장 화석 연료 사용을 줄인다면 자국의 개발 속도가 늦어진다는 연유에서입니다.

78쪽

온난화를 막기 위해서 화석 연료 사용을 줄이고 재생 에너지 사용 비중을 높이기 시작했습니다.

80쪽

지속 가능한 공동체를 만드는 일이야말로 불확실한 위험을 줄여 미래를 지키는 일일지도 모릅니다.

80쪽

② 활동지에 자신이 생각하는 중심 문장 적기

개별 활동지

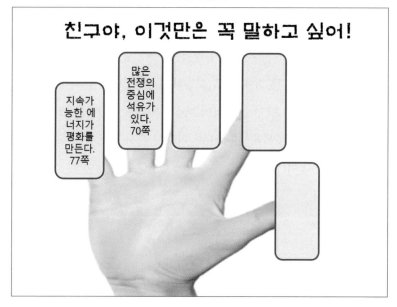

친구야, 이것만은 꼭 말하고 싶어!

지속가능한 에너지가 평화를 만든다. 77쪽

많은 전쟁의 중심에 석유가 있다. 70쪽

교사: 게임의 이름은 '손가락 접어'예요. 다섯 손가락을 먼저 접은 학생
이 승자가 되는 거예요. 그리고 접은 손가락을 펴면서 적은 내용에
대해 설명해 주어야 진정한 승자가 됩니다. 종이에 여러분의 손을
활짝 펴서 그려주세요. 손가락마다 문장을 쓸 공간을 그려주세요.
그리고 모둠과 선생님이 선정한 내용 중에서 다섯 개의 문장을 다
섯 손가락에 적어주세요. 모두 적었으면 손을 높게 들고 손가락 접
을 준비를 하는 거예요.

③ '손가락 접어' 게임하기

학생들이 모두 손을 들었으면 모둠과 교사가 선정한 중심 문장 하나를 말한다. 그 중심 문장을 적은 학생들은 손가락을 접는다. 이렇게 해서 손가락 다섯 개가 다 접힌 학생은 "세계시민!"이라고 외치며 뒤로 나간다. 다섯 명이 될 때까지 계속 게임을 진행한다. 승자인 다섯 명에게 손가락을 펴면서 적은 문장에 대해 설명하게 한다. 설명을 제대로 못 할 때는 같은 모둠원이 백기사가 되어 대신 설명할 수 있다. 발표한 학생에게 환호성과 함께 "세계시민 인정!"이라며 찬사를 보낸다. 교사는 세계시민권을 만들어 수여한다. 세계시민권을 받은 학생이 많은 모둠이 이기는 것이다.

2. 홍보 포스터 만들기

'손가락 접어' 게임은 바탕글 내용을 파악하기 위한 활동이다. 손가락을 펴면서 문장의 의미를 말하고 듣는 활동을 반복하는 동안 글에서 말하고자 하는 핵심 내용을 자연스럽게 알게 된다.

학생들이 모둠별로 인상에 남은 문장을 찾는 활동은 바탕글 내용과 연계하여 홍보 포스터를 제작하는 활동으로 이어갈 수 있다. '세계 지구의 날'과 관련하여 기후 위기를 주제로 한 포스터를 만들어, 교문에서 기후 위기 행동의 필요성을 알리는 전시회를 연다. 글을 읽고 배우는 것에서 그치지 않고 이를 우리 사회를 위한 작은 실천으로 옮김으로써 '연대'와 '공동체 의식'을 체화할 수 있다.

기후 위기를 주제로 한 포스터

놀이 수업 4 우리가 여는 랩 축제 - 비판적 읽기

수업 개요

- **읽기 영역:** 비판적 읽기
- **수업 제재:** 《오늘부터 나는 세계시민입니다》 – 12월 20일 '세계 인간 연대의 날'
- **활동 시간:** 수업 전후
- **수업 목표**
  – 〈고등 래퍼〉를 보며 주장하는 글의 힘이 무엇인지 안다.
  – 타당한 근거를 바탕으로 사회적 문제를 해결하는 랩을 창작한다.
  – 내가 잘하고 좋아하는 방법으로 세상에 대한 메시지를 전할 수 있음을 안다.
  – 주장하는 글은 사회적 공감을 끌어내는 것임을 안다.
- **수업 준비**
  – 영상 〈고등 래퍼〉, 자석 카드, 마카펜, 가벼운 양은 쟁반(모둠원 수만큼), 4절지,
  색채 도구

해마다 새 학기가 시작되어 학생들과 만나면 이런 질문을 한다.

"여러분은 꿈이 뭔가요?"

'공부를 왜 하는가?'와 '어떻게 선생님과 일 년을 함께 보낼 것인가?'라는 이야기를 이끌어내기 위한 질문이다. 한동안은 칠판 가득 메운 아이들의 꿈이 나의 학창 시절과 닮아 있었지만, 지금은 그렇지 않다. 밝게 웃으며 말하고 있는 아이들이, 내 눈에는 사회와 어른에 갇혀 있는 것 같아 쓸쓸하다.

교사: 왜 그 꿈을 갖게 되었나요?

학생: 잘 살려구요.

교사: 잘 산다는 것은 무엇을 말하나요?

학생: 돈을 많이 벌어 부자가 되는 거요.

교사: 부자가 되면 무엇이 좋아요?

학생: 행복하잖아요.

꿈은 다르지만 이유는 한결같이 '잘살고' 싶어서이다. 그래서 언제부터인가 질문을 바꾸었다. 명사(직업, 목표)로 답하지 말고 동사(어떤 사람이 되고 싶은가)로 답하게 한 것이다. 학생들이 좀 더 행복해지길 바라는 마음으로.

학생들이 좋아하는 것이 무엇인지를 찾는 것이 필요했다. 한 선생님이 좋아하는 노래를 활용해 보라고 말해주었다. 자고 있던 아이도 벌떡 일어날 거라면서.

1. 꿈을 이야기하는 래퍼

① 수업 전 활동 – 랩을 듣고 이야기 나누기

교사: 여러분 〈고등 래퍼〉를 아시나요? 거기 나왔던 곡 하나를 들려드릴게요. 랩을 들으니 마음이 어때요? 어떤 내용이 들리나요? 래퍼의 춤과 열정에 집중해서 무엇을 이야기하는지 잘 듣지 못했을 거예

요. 다시 한번 들려줄 테니 가사에 집중해서 들어보세요.

행복이란 무엇일까
이것은 어디에도 없으며 동시에 어디에나 있구나
우린 앞만 보고 살도록 배웠으니까
주위에 남아 있던 행복을 놓쳐 빛나지 못하는 거야
비틀비틀거리다가 떠난 이들의 뒤를 따를 수도
굳이 피를 안 봐도 되는 현실에 감사를
뒤를 잇는 것이 아닌 그저 잊는 힘을 기른
나는 기를 쓰지 않고 만들어 믿음뿐인 길을

― 김하온 〈바코드〉 중에서

이 랩이 나오는 〈고등 래퍼 2〉 영상을 감상하고 함께 이야기를 나눈다. 랩을 듣기 전에 이야기 나눌 내용 5가지 정도를 학생들에게 미리 알려주는데, 예를 들면 다음과 같다.

- 무엇을 말하고 싶은가?
- 왜 말하고 있는가?
- 어떻게 되기를 바라는가?
- 어느 구절이 가장 마음에 드는가?
- 리듬감을 느낄 수 있는 이유는?

함께 이야기를 나누고 나누는 동안, 교사는 학생들이 자유롭게 한 말을 래퍼처럼 랩을 하며 가볍게 되짚어 준다. 학생들은 래퍼가 된 교사를 위해 많은 이야기를 쏟아낸다. 교사는 쑥스럽고 고통스럽겠지만 학생들은 즐거워한다.

② 함께 읽을 바탕글 선정하기

앞서도 얘기했지만《오늘부터 나는 세계시민입니다》에는 17개의 글이 실려 있다. 이 가운데 함께 읽을 글을 선정하는데, 방법은 다음의 2가지를 사용했다.

첫째, 학급 협의를 통해 선택한다. 이때 다수가 손을 든 글로 결정하거나, 교사와 가위바위보를 해서 승자가 결정하게 한다. 진지함은 멀리하고 즐거운 놀이 분위기를 위해 최대한 짧은 시간에 결정하는 것이 좋다.

둘째, 교사가 비판적 읽기를 통한 실천적 행동이 이루어질 수 있는 글을 선정하는 것이다. 본 수업에서는 '12월 20일 세계 인간 연대의 날'을 선정했다.

③ 수업 중 활동 – 바탕글 이해하기

> 교사: 읽은 내용 중에서 인상 깊은 것을 자석카드에 적어 칠판에 붙여주세요. 내용을 적은 자석카드를 원하는 사람이 나와 글의 순서대로 배열해 보세요. (이때 교사의 개입은 최소화하는 것이 중요하다.) 순서대로 다 된 것 같은가요? 정리된 내용을 함께 읽어보며 우리가 살고 있는 세상을 떠올려 보면 좋겠어요.

함께 알았으면 좋겠어

원조가 늘어나면 빈곤이 줄어들까요?	탐즈 신발 제조 공장 현지 이전
누구를 위한 식량 원조	지역 상황을 고려하지 않은 하얀 코끼리 프로젝트
하나의 성공은 또 다른 빈곤 포르노 – 결국 누가 더 비참한 삶을 사는지를 보여주는 비통함의 경주	의류 산업의 발전 가능성은 사라지고 헌 옷이 없으면 의류 시장이 존재할 수 없는 악순환
국제 식량 원조는 미국 농업과 제조업, 해운업 일자리 창출에 기여	동정을 넘어선 공감
서명운동은 타인을 돕는 일이 아닌 불공정한 세상을 공정하게 만드는 일	166개국, 2439만 1181명

④ 수업 후 활동 – 함께 살아가는 세상을 위해 울림을 주는 표현하기

수업 중에 함께 읽었던 인상 깊은 내용에 대해 다시 생각해 보고, 바탕 글과 연관 지어 '함께 살아가는 세상'을 주제로 모둠 랩을 창작한다.

그러고 나서 창작한 랩을 활용한 놀이 수업 세 가지 중에서 하나를 골라 학생들의 마음을 표현하게 한다.

모둠별로 창작한 랩

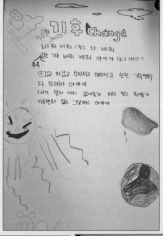
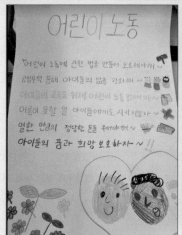

창작 랩을 활용할 수 있는 놀이 수업 세 가지

첫째, 모둠별로 창작 의도와 메시지를 말하고 학급 랩 공연을 한다.

둘째, '시와 음악이 있는 엽서'라는 주제로 모둠별로 창작한 랩 중에서 듣고 싶은 것을 엽서에 사연과 함께 적는다. (가장 많이 선정된 곡으로 학교 축제 때 랩 공연을 했다.)

셋째, 쟁반 노래방을 실시한다.

- 창작한 랩을 암기한다.
- 2개의 모둠이 짝이 되어 놀이를 진행한다. (본인의 모둠과 짝이 된 모둠의 가사를 암기하여, 노래방을 진행할 때 가사가 틀린 경우 쟁반을 머리에 살짝 닿게 한다.)

시와 음악이 있는 엽서
시 수업과 연계한 활동으로, 음악에 맞는 시를 선정하고 듣고 싶은 자신의 사연을 쓰게 했다.

2. 놀이 수업을 비판적 읽기 수업으로

"선생님 반에는 비판적 사고를 지닌 학생들이 많아요."

이런 말을 들으면 교사의 마음은 어떨까? "청소년기는 청개구리 때"라는 말을 하곤 한다. 사춘기가 되면 어른들이나 사회적 요구에 무조건 반항하고 싶은 마음이 솟아나기 때문이다. 하지만 이는 성장하기 위한 과정으로, 현실에 대한 의문과 부정을 끊임없이 표출하는 시기인 것이다. '왜 그렇게 생각하는가, 다른 방법은 없을까, 주장의 목적은 무엇인가' 등을 생각하는 것은 문제를 합리적으로 해결하려는 비판적 사고 과정이다.

성장을 위한 의문과 질문이 긍정적인 방향으로 나아가려면 논리적인 힘을 갖추어야 한다. 그것은 읽기, 그 중에서도 글쓴이가 말한 주장에 대한 근거의 타당성과 신뢰성을 판단하는 비판적 읽기를 통해 얻어진다. 읽기에서 얻어진 비판적 사고의 힘은 사회의 구성원으로 살아가면서 사회적 문제와 현상에 대해 옳고 그름을 판단하여 타당한 해결 방식을 찾을 수 있게 돕는다. 또한 비판적 읽기는 실천하는 행동가로 살아갈 수 있게 한다. 그러므로 비판적 사고를 지닌 학생으로 성장하게 하는 것은 교사가 해야 할 중요한 몫이다.

수업을 마무리하며

"선생님, 잘하고 싶은데 잘 안 돼요."

"선생님, 저는 공부가 너무 싫어요. 포기했었는데, 놀이로 하니까 뭔가 해보고 싶어져요."

"공부 못한다고 놀렸던 친구에게 놀이를 잘하는 것을 보여주어서 신났 어요. 다음 시간에도 그 놀이 또 하면 안 될까요?"

이런 이야기를 해주는 학생들은 내가 '좋은 선생님'에 대한 꿈을 잃지 않게 하는 고마운 존재들이다.

마음을 아프게 했던 학생들이 비문학 놀이 수업을 하면서 말을 하기 시작했다. 또 무엇인가를 스스로 하기 시작했다. 그것은 나에게 벅차 오르는 기쁨을 주었고, 수업이 기다려지게 해주었다.

비문학을 힘들어하는 학생들을 위해 말랑말랑하게 시작해 보자. 아이들을 편안하게 하는 놀이 수업으로.

베껴쓰기의 힘

최인영

수업 개요

2000년대 초반, 논술 바람이 학교 현장을 휩쓸었던 적이 있었다. 그때 고3 담임을 맡았다는 이유로 어쩔 수 없이 논술에 발을 담그게 되었다. 교실에서 만난 아이들은 논술과는 너무나도 거리가 멀었다.

> 서진: (담임에게 다가와) 조퇴요.
>
> 담임: 왜? 무슨 일이 있어?
>
> 서진: 아파요.
>
> 담임: 어디가 아파?
>
> 서진: 배요.
>
> 담임: 보건실에는 가봤어? 견디기 힘들어?
>
> 서진: (고개만 끄덕끄덕)

서진이는 웬만해서는 두 단어 이상을 연결해서 말하지 않는다. 어쩌면 두 단어 이상으로 생각하기를 싫어하는 것일 수도 있다. 이런 서진이가 길고 지루한 논술 제시문을 읽고 거기에 자신의 비판적인 생각을 보태서 논리적으로 글을 쓸 수 있을까?

아이들은 글쓰기를 두려워한다. 왜 그럴까 관찰했다. 하도 답답해서 한번은 교과서 한 문단 베껴 쓰기를 수행평가로 제시한 적도 있다. 아이들은 그 단순한 활동도 버거워했다. 그때 아이들이 베껴 쓰는 걸 보고 깜짝 놀랐다. 쓰기가 아니라 읽기가 문제라는 걸 깨달았다. 논술에서 쓰기로, 쓰기에서 읽기로 수업의 초점이 바뀌었다.

서진이가 읽기에 몰입하도록 돕는 방법이 없을까 고민하다가 '베껴 쓰기' 수업을 구상하게 됐다. 베껴 쓰는 데 워낙 많은 시간과 노력이 필요하기에 정규 수업에서는 시도하지 못했다. 기초학력 수업이나 방과후 수업으로 따로 반을 만들어 진행했는데, 보통 10차시로 구성했다. 수업 흐름은 아래와 같다.

단계		차시	수업 내용
전	준비	1차시	베껴 쓰기를 왜, 어떻게 할까?
중	1단계	2~3차시	토씨까지 있는 그대로 베껴 쓰기
	2단계	4~5차시	문장 단위로 요약하며 베껴 쓰기
	3단계	6~7차시	문단 단위로 요약하며 베껴 쓰기
	4단계	8~9차시	지문 전체를 요약하며 베껴 쓰기
후	정리	10차시	수업에 대해 평가하고 소감 나누기

1차시에는 베껴 쓰기를 '왜, 어떻게' 하는지 자세하게 안내했다. 이 시간은 준비 운동 단계다. 준비 운동이 부족하면 운동 효과도 떨어지고, 무엇보다 다칠 위험이 커진다. 준비 운동을 충실하게 해야 본운동을 무사히 잘할 수 있다.

제대로 베껴 쓰는 활동은 2차시부터 시작인데 1~4단계를 거친다. 처음에는 지문을 토씨까지 있는 그대로 베끼고, 단계가 올라갈수록 점점 요약으로 무게중심이 옮아간다. 처음부터 무리해서 속도를 높이면 완주할 수 없다. 서서히 단계를 끌어올려야 한다.

10차시는 정리 운동에 해당한다. 베껴 쓰기 활동으로 얼마나 성장했는지, 각자 한 단계 더 올라서려면 앞으로 무얼 더 공부해야 하는지 확인하는 단계다. 정리 운동을 잘하면 몸에 쌓인 피로 물질을 제거하고 경직된 근육을 풀어서 다시 운동할 수 있는 상태가 된다.

준비 베껴 쓰기를 왜, 어떻게 할까?

처음에는 약간의 충격이 필요하다. 열 시간에 걸쳐서 글을 베껴 쓰는 수업은 험난한 가시밭길이다. 더구나 읽고 쓰기에 어려움을 겪는 아이들이라면 몇 배로 더 괴로운 여정이 될 것이다. 그러니 처음에 '띵!' 울림이 있어야 한다.

학생들에게 아무것도 설명하지 않고 시험부터 먼저 봤다. 시험지는 아래와 같이 B4 종이를 반으로 접어 4쪽으로 만들면 좋다.

시험지 출력 방법
- 편집 용지: B4
- 인쇄 용지: B4
- 인쇄 방식: 양면(짧은 쪽으로 넘김)

이렇게 하면 겉으로는 표지만 보이고 문제가 안 보이니 더 그럴듯하다. 문제지를 이렇게 만드는 이유는 두 가지다.

첫째, 이 시험에는 약간의 속임수가 있다. 아이들은 긴장할수록 함정에 빠지기 쉽다. 제대로 꼴을 갖춘 시험지를 제공하고 교사가 바람을 잘 잡는다면 '띵!' 하고 아이들을 충격에 빠뜨릴 수 있다.

둘째, 베껴 쓰는 활동으로 열 시간 수업을 채우겠다고 하면 맹랑한 아이들은 노골적으로 '선생님! 그렇게 수업하시고도 월급 받으세요?'라는 눈빛을 보내기도 한다. 그런 아이들의 코를 납작하게 눌러놓기 위해서라도 시험지는 보기 좋게 만들어야 한다.

읽기 능력 평가
- 3분 시험 -

별도의 지시가 있을 때까지
절대로 뒷장으로 넘기지 마세요.
시간을 정확하게 측정해야 하기 때문입니다.

이 시험은 여러분의 읽기 능력을 측정하기 위한 것입니다.

여러분에게 3분이라는 시간이 주어집니다.
그리고 스무 개의 문제가 있습니다.
여러분이 시간 안에 몇 번까지 풀 수 있는지 측정합니다.

먼저 심호흡하고 마음의 준비를 하세요.
그리고 손가락을 미리 풀어놓으세요.

준비가 끝나면,
감독의 지시에 따라서 시험을 시작하십시오.

※ 1번부터 20번까지 끝까지 모두 읽은 후에, 지시에 따라 답하시오.

1. 시험지 왼쪽 꼭대기에 이름을 적으시오.
2. 이름에 네모로 테두리를 두르시오.
3. 시험지 오른쪽 꼭대기에 오늘 날짜를 쓰시오.
4. 오늘 날짜에 동그라미로 테두리를 치시오.
5. 가장 감명 깊게 읽은 책 제목을 쓰시오.
6. 가장 최근에 본 영화 제목을 쓰시오.
7. 여기까지 잘 풀었다면, 큰 소리로 자기 이름을 외치시오.
8. 가장 좋아하는 과목이 무엇인지 쓰시오.
9. 8번 문제의 답에 가위표를 하시오.
10. 옆에 있는 ○에 필기구로 구멍을 뚫으시오. ○ ○ ○ ○
11. 가장 여행을 가고 싶은 나라를 쓰시오.
12. 가장 좋아하는 연예인의 이름을 크게 부르시오.
13. 애국가 1절에 등장하는 산 이름을 쓰시오.
14. 이 시험지를 마구 구겨 하늘에 던졌다가 펴서 15번 문제를 푸시오.
15. 당신이 이 시험을 지금까지 잘 풀어왔다고 생각하면 '잘한다!'라고 크게 소리 지
    르시오.
16. 이 시험지의 오른쪽 아래 모서리를 자기 손톱 크기만큼 찢어서 그 안에 자신이
    좋아하는 숫자를 쓰시오.
17. 9번 문제에 두 줄을 그으시오.
18. 만일 당신이 이 시험에서 18번까지 당도한 첫 번째 사람이라면, '내가 1등이다!'
    라고 크게 외치시오.
19. 이 시험지의 문제 번호 중에서 3의 배수 번호에 ○표를 치시오.
20. 1번부터 20번까지 다 읽었으면, 1번과 2번 문제만 풀고 '만세'를 외치고, 조용
    히 시험지를 덮으시오.

"시작!" 소리와 함께 아이들은 한 문제라도 더 풀려고 폭주를 시작한다. 여기저기서 연예인 이름을 부르고, 종이를 구겨 위로 던진다. 상품으로 간식이라도 몇 개 걸면 더 장관이다. 그런 속에서 어떤 아이가 조용히 '만세'를 외치고 친구들을 지켜보며 빙그레 웃는다. 교사와 눈이 마주치면 의미심장한 미소를 주고받는다.

절반 정도의 아이들은 문제를 풀면서 뭔가 이상하다는 걸 눈치채고 스스로 잘못을 깨닫는다. 나머지 아이들도 웅성웅성하는 소리에 필기구를 놓고 주위를 살핀다. 하지만 한두 아이는 정말 끝까지 성실하게 문제를 푼다. 18번 문제까지 푼 다음 "내가 1등이다!"를 외치고 다른 아이들이 그걸 보고 깔깔거리면 비로소 눈이 휘둥그레진다.

> 교사: 왜 이렇게 됐을까요? 빨리 읽는 데 마음을 빼앗겨서 정확하게 읽지 못했기 때문입니다. 먼저 1번부터 20번까지 문제를 끝까지 모두 읽으라고 했는데, 그걸 놓친 것이죠. 빠르게 읽는 데만 급급하면 이렇게 실수할 수 있습니다. 우선 정확하게 읽어야 합니다.

아이들이 스스로 함정에 빠지는 이유는 조급함 때문이다. 사소한 간식 앞에서도 이렇게 마음이 조급해지는데, 인생이 걸린 수학능력시험 앞에서는 어떨까? 걸린 게 클수록 더 조급해지기 마련이고, 덩달아 스스로 덫에 걸릴 가능성도 커진다. 이런 얘기도 덧붙였다.

> 교사: 텔레비전으로 동계올림픽 스피드스케이팅 500미터 경기를 본 적이 있어요. 해설자가 "빨라지면 안 돼요. 빨라지면 안 돼요."라고

소리치더라고요. 500미터 경기는 눈 깜짝할 사이에 끝나는데 빨라지면 안 된다니. 속으로 생각했어요. '외국 선수라서 저렇게 말하는구나. 저 선수가 빨라지면 우리 선수의 순위가 뒤로 밀려날 테니.' 그건 오해였어요. 해설자가 이어서 이렇게 덧붙이더라고요 "빨라지면 안 돼요. 정확하게 타야 해요."

빨리 타려고 욕심을 내면 자세가 흐트러지고, 그러면 오히려 속도가 떨어지게 된다는 뜻이다. 조급함을 이기고 정확한 자세로 타야 속도가 오르듯이 읽기도 마찬가지다. 수학능력시험을 앞둔 고등학생이라면 조금 더 설명이 필요하다. 아래 사진은 실제로 고등학교에서 수업했던 판서다.

판서가 무척 복잡해 보이지만 숨은 비밀이 있다. 새로운 내용은 거의 없다는 점이다. 대부분 국어나 문학 등 다른 과목에서 이미 학생들과 함께 나눴던 얘기들이다. 그러다 보니 그걸 설명하는 데도 많은 시간이 걸리지 않았고, 학생들도 덜 부담스럽게 받아들였다.

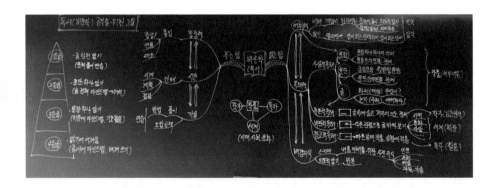

핵심은 이렇다. 수학능력시험에서 '읽는 힘'과 '푸는 힘'은 두 날개다. 한쪽 날개만으로는 날 수 없는데도 학생들은 '읽기'보다는 '풀기'에 급급하다. 대충 읽고 빨리 풀려고 한다. 그렇게 해서는 승산이 없다.

교사: 여러분이 태어나기도 전이지만, 2002년 월드컵에서 우리나라가 4강에 들었어요. 그런데 월드컵 뚜껑이 열리기 전까지 히딩크 감독에 대한 평이 아주 안 좋았어요. 평가전마다 5:0으로 졌으니까요. 왜 그랬을까요? 히딩크 감독은 월드컵 직전까지 체력 훈련에 집중했어요. 90분을 뛸 체력을 길러야 기술이나 전술이 의미가 있다고 판단했기 때문이죠. 전술 훈련을 거의 하지 않았으니 평가전마다 질 수밖에 없었고, 언론에서는 난리가 났어요. 그렇지만 히딩크 감독은 소신을 굽히지 않았죠. 그때 만약 히딩크 감독이 평가전에 욕심을 두고 조급하게 전술 훈련에 집중하느라 체력 훈련을 소홀히 했다면 결과는 어땠을까요? 축구도 기술이나 전술보다는 체력이 먼저입니다.

기술과 전술은 푸는 힘이요 체력은 읽는 힘이다. 이처럼 읽기를 주로 운동에 빗대어 설명했는데, 왜냐하면 몸에 새긴 건 더 오래 기억하기 때문이다. 특히 남학생들은 이런 설명을 더 잘 받아들였다. 이렇게 한 시간에 걸쳐서 차근차근 밑밥을 깔고, 마치는 종이 울리기 직전에 진짜로 하고 싶은 얘기를 꺼냈다.

교사: 우리는 앞으로 남은 아홉 시간 동안 베껴 쓰기를 할 겁니다. 왜 이

런 수업을 계획했을까요? 여러분이 주어진 정보를 놓치지 않고 정확하게 읽고, 그걸 통해서 읽는 속도를 기를 수 있도록 도와주기 위해서입니다. 육상 선수들이 모래주머니 달고 뛰죠? 그걸 달면 속도는 오히려 느려져요. 그런데 왜 그런 훈련을 할까요? 그렇게 체력을 길러야 모래주머니를 뗐을 때 더 빠르게 달릴 수 있기 때문이죠. 베껴 쓰는 활동도 마찬가지입니다. 모래주머니라고 생각하세요.

1단계 토씨까지 있는 그대로 베껴 쓰기

1. 베껴 쓰기를 위한 학습지

학습지는 네 쪽씩 하나의 짝이 되도록 만들었다. 1쪽에 표지가 들어가니 2~5쪽, 6~9쪽, 10~13쪽이 각각 한 짝이 된다.

　2쪽의 읽기 지문은 수학능력시험이나 학력평가 문제에 나왔던 지문 가운데 되도록 짧고 쉬운 것을 골랐다. 그래야 한 시간에 활동하기

(전략) 나는 이걸 보고 생각했다. 이런 일은 사람에게도 있는 것이다. 스스로 잘못을 알고도 서둘러서 고치지 않으면 몸이 망가짐이 나무가 썩어서 못 쓰게 되는 데서 그치지 않는다. 반면 잘못이 있더라도 그것을 고치기를 꺼리지 않는다면 다시 좋은 사람이 되는 데 방해가 되지 않으니, 이는 집의 재목을 다시 쓸 수 있음에 비할 바가 아니다. 　다만 한 사람뿐 아니라, 나라의 정치도 또한 이와 같다. 무릇 백성을 좀먹는 무리가 설치는데도 당장 편한 것만 생각하여 개혁하지 않는다면 백성의 마음이 떠나고 나라가 위태롭게 된다. 그렇게 된 뒤에는 부랴부랴 바로잡으려 해도 다시 붙잡아 일으키기가 대단히 어려울 뿐이다. 어찌 경계하지 않을 수 있겠는가? 　　　　　－ 이규보, 〈이옥설(理屋說)〉	② 문단 요약: ③ 문단 요약:

2쪽 – 읽기 지문　　　　　　　　　3쪽 – 베껴 쓰기 활동지

에 적당하다. 최근 지문은 길고 복잡한 게 많아서 몇 년 전 기출 문제에서 주로 골랐다.

그런데 첫 시간에는 안내할 게 많아서 몇 문단짜리 지문을 다루기에는 부담스럽다. 먼저 짧고 쉬운 글로 베껴 쓰기의 절차와 방법을 연습하는 게 좋다. 여기서는 이규보의 〈이옥설(理屋說)〉을 예시 작품으로 설명하고자 한다.

학습지를 양면으로 인쇄할 때는 2쪽(왼쪽 면)과 3쪽(오른쪽 면), 4쪽과 5쪽이 옆으로 펼쳐지면 좋다. 왼쪽에 지문(2쪽)을 놓고, 그걸 보면서 오른쪽(3쪽)에 바로 베껴 쓰기 활동을 할 수 있기 때문이다. 기출 문제

	Ⅰ 문단의 흐름
	[1]
	[2]
	[3]
	Ⅱ 글의 핵심
	대상(화제)
	논지(주제)
	Ⅲ 글 전체 요약
	Ⅳ 어려운 낱말

| 4쪽 – 기출 문제 | 5쪽 – 베껴 쓰기 활동지 |

를 4쪽에, 정리하기 활동지를 5쪽에 배치하는 것도 그런 이유다. 베껴
쓰기 활동지와 정리하기 활동지를 앞뒤로 인쇄하면 학생들이 학습지를
앞뒤로 넘겨가면서 활동해야 해서 번거롭다.

2. 베껴 쓸 준비하기

베껴 쓰기의 목적은 베껴 쓰기가 아니다. 아무 생각 없이 무턱대고 베
끼면 팔만 아프다. 그렇게 해서는 배울 게 없다. 그렇기에 베껴 쓰는 활
동 자체에 무게를 두면 안 되고, 그 앞뒤의 과정을 통해 학생들이 성장
할 수 있도록 잘 설계해야 한다.

과정		핵심 활동	구체적인 활동	
전	1	준비	각 문단 앞에 번호를 붙인다. ①, ②, ③ …	
			각 문장 앞에 번호를 붙인다. ①, ②, ③ …	
중	2	베껴 쓰기	[본활동] 각 문장을 외워서 쓴다.	
	3	문단 요약	각 문단에서 가장 중요한 문장에 밑줄을 긋는다.	
			그 내용을 정리해서 빈칸에 간단히 쓴다.	학습지 5쪽
후	4	전체 요약	글 전체의 내상(화세)과 논지(주제)를 찾는다.	
			그것을 바탕으로 글 전체의 내용을 요약한다.	
	5	어휘 공부	어려운 어휘에 ○ 표시한다.	
			어휘의 뜻을 찾아서 공책에 정리한다.	

이 다섯 단계 과정은 태권도 품새와 같다. 실제 겨루기에서 품새를
곧이곧대로 따르지는 않는다. 그런데도 품새를 열심히 훈련해야 하는

이유가 있다. 그게 몸에 익으면 실전에서 몸이 저절로 움직여서 정확한 자세가 나오기 때문이다. 태권도 품새를 익히듯이, 위의 다섯 단계 과정을 천천히 그리고 꼼꼼하게 밟아야 한다.

> 교사: 배드민턴을 배운 적이 있어요. 처음 며칠 동안은 공 없이 라켓만 휘두르며 구분 동작으로 자세를 배웠어요. '하나'에 멈춰서 자세 교정하고, '둘'에 다시 멈춰서 자세 바로잡고……. 무척 지루하고 재미없었어요. 그런데 그런 과정이 없으면 잘못된 자세가 몸에 익어서 나중에는 정말 고치기 힘들어요. 그렇게 해서는 내 수준에서 한 단계 더 높이 올라갈 수 없어요. 더 느리게, 더 정확하게 자세를 익혀야 실전에서 그 동작을 응용할 수 있죠.

베껴 쓰기에서 가장 먼저 하는 건 베껴 쓸 지문에 번호를 붙이는 일이다. 먼저 각 문단 앞에 네모로 번호(⑴, ⑵, ⑶…)를 붙이고, 다음으로 각 문장 앞에 동그라미로 번호(①, ②, ③…)를 매긴다.

⑴ ① 집에 더 이상 지탱하기 힘들 정도로 퇴락한 행랑채가 모두 세 칸이 있어, 내가 어쩔 수 없이 그것을 고치게 되었다. ② 그 가운데 두 칸은 앞선 장마에 비가 새면서 기울어진 지 오래되었으나, 내가 그걸 알면서도 미루다가 수리하지 못한 것이다. ③ 다른 한 칸은 비가 한 번 샜을 때 곧바로 기와를 갈게 된 것이다. ④ 이번에 수리하려고 보니, 비가 샌 지 오랜 것은 들보와 기둥이 모두 썩어서 못쓰게 되었으므로 비용이 많이 들었다. ⑤ 하지만 한 번밖에 비를 맞지 않은 것은 재목들이 모두 완전하여 다시 쓸 수 있었기 때문에 비용이 적게 들었다.

⑵ ① 나는 이걸 보고 생각했다. ② 이런 일은 사람에게도 있는 것이다. ③ 스스로 잘못을

알고도 서둘러서 고치지 않으면 몸이 망가짐이 나무가 썩어서 못 쓰게 되는 데서 그치지 않는다. ④ 반면 잘못이 있더라도 그것을 고치기를 꺼리지 않는다면 다시 좋은 사람이 되는 데 방해가 되지 않으니, 이는 집의 재목을 다시 쓸 수 있음에 비할 바가 아니다.

③ ① 다만 한 사람뿐 아니라, 나라의 정치도 또한 이와 같다. ② 무릇 백성을 좀먹는 무리가 설치는데도 당장 편한 것만 생각하여 개혁하지 않는다면 백성의 마음이 떠나고 나라가 위태롭게 된다. ③ 그렇게 된 뒤에는 부랴부랴 바로잡으려 해도 다시 붙잡아 일으키기가 대단히 어려울 뿐이다. ④ 어찌 경계하지 않을 수 있겠는가?

이게 별것 아닌 것 같지만 효과는 놀랍다. 이 활동만 꾸준히 해도 아이들은 문단과 문장에 대한 감각을 스스로 익힌다. '아! 글이 문단과 문장으로 이뤄졌구나!'를 깨닫게 된다.

교사: 여기까지 하면 베껴 쓸 준비는 끝났어요. 다음부터는 실제로 베껴서 쓸 차례입니다. 길고 지루한 시간이겠지만, 또한 놀라운 경험이 될 겁니다. 기대하세요.

3. 베껴 쓰면서 느끼는 몰입감 – 학습지 3쪽, 베껴 쓰기 활동지

자기 생각을 담아서 새로운 글을 창작하는 것도 아니고 있는 글을 그대로 베껴 쓰는 일이 뭐가 힘드냐고 생각할 수도 있다. 하지만 학생들이 베껴 쓰는 걸 유심히 관찰해 보면 그게 아니라는 걸 알 수 있다. 어느 정도 읽기 능력을 갖춘 학생은 보통 한 문장을 읽고 한 문장을 쓴다. 그런데 그렇지 않은 학생들이 있다.

앞서 소개한 서진이가 베껴 쓰는 모습을 살펴보자. 서진이는 낱말 하나를 읽고 그걸 종이에 옮겨 적었다. 다시 다음 낱말을 읽고 그걸 종이에 썼다. 그렇게 눈이 지문과 활동지 사이를 바쁘게 왔다 갔다 했다. 그러다가 어떤 때는 눈이 주소를 잘못 찾아서 한 줄을 건너뛰기도 하고, 때로는 같은 줄을 다시 쓰기도 한다. 그렇게 글을 낱말 단위로 토막을 내니, 베껴 쓰고 나서도 어떤 내용인지 머리에 전혀 남지 않는다.

문장 하나도 머리에 담지 못하는데 어떻게 한 쪽이나 되는 지문을 읽고 이해할 수 있을까? 조급하게 달려 나가려는 서진이를 붙들어야 한다. 먼저 첫 문장을 작게 소리 내서 읽게 한다. 반드시 소리 내서 읽어야 한다. 그래야 느리게, 정확하게 읽기 때문이다.

그런 다음 고개를 들어 교사와 눈을 맞춘다. 갑작스레 움직이면 머리에 든 게 달아난다. 천천히, 조심스레 고개를 들어야 한다. 그리고 첫 문장을 작은 소리로 읊게 한다. 물론 그 문장을 머리에 완전히 넣지 못한 학생도 있다. 그래도 옆 친구가 읊는 소리를 들으며 머리에 다시 한번 정리하게 된다. 그런 다음 비로소 종이에 옮겨 적는다. 눈으로 읽고, 입으로 소리 내서 읊고, 친구들이 읊는 소리를 귀로 듣고, 손으로 쓴다. 눈, 입, 귀, 손으로 네 번 읽는 셈이다.

그다음 문장도 그렇게 천천히 되새김질하면서 베껴 쓴다. 가끔은 앞뒤 문장을 연결해서 읊기도 한다. 그렇게 한 문단을 다 옮겨 쓰면 그 가운데 가장 중요하다고 생각하는 문장에 밑줄을 긋고, 그걸 요약해서 첫 문단의 핵심을 쓴다. 이렇게 한 문단을 베끼고 나면 학생들은 대체로 이런 반응을 보인다.

"선생님! 이게 읽는 거였어요."

"전 그동안 읽은 게 아니었어요."

"무슨 말을 하는지 다 알겠어요."

이러한 '경이로움'이 베껴 쓰기의 고갱이다. 스펀지에 물이 스며들 듯 한 문단의 내용이 속속들이 머리에 쫙 빨려 들어오는 느낌! 이걸 경험하고 나면 학생들은 수업에 몰입하게 된다. 몰입이 몰입을 부른다.

> 교사: 이 느낌을 잘 기억하세요. 베껴 쓰기의 궁극적인 목적은 베껴 쓰기를 버리는 겁니다. 베껴 쓰지 않으면서도 베껴 쓰는 만큼 몰입해서 읽는 힘을 기르는 것, 그게 우리의 최종 목표입니다.

4. 요약하고 정리하기 – 학습지 5쪽, 정리하기 활동지

전체 문단을 다 베껴 썼으면 그걸 정리해야 한다. 2차시는 베껴 쓰기를 처음으로 하는 시간이라 안내할 게 많다. 되도록 짧고 쉬운 지문을 골랐으나 그래도 시간이 턱없이 모자랐다. 학습지 5쪽의 정리하기 활동은 숙제로 하도록 안내하고, 3차시 수업을 시작하면서 가볍게 확인만 했다.

① 문단의 흐름: 학습지 3쪽에 적었던 '문단 요약'을 5쪽에 다시 정리한다. 3쪽에서는 각 문단 내용을 정리하는 데만 급급해서 다른 문단 내용은 살피지 못했다. 여기서는 앞뒤 문단의 내용과 연결하여 정리하도록

안내했다.

② **글의 핵심**: 학생들은 '화제'와 '논지'라는 말을 어려워한다. 화제는 '무엇에 대한 글인가?', 논지는 '화제에 대해서 뭐라고 얘기하나?'라는 질문으로 풀어서 설명했다.

③ **글 전체 요약**: 글 전체를 200자 정도로 요약했다. 학생들은 '요약'과 '발췌'를 잘 구별하지 못한다. 긴 글을 단순히 분량만 줄인다고 요약이 되는 건 아니다. 화제가 무엇인지, 화제에 대해서 말하고자 하는 게 무엇인지, 그 졸가리를 잡아서 정리해야 제대로 된 요약이다.

④ **어려운 낱말**: 마지막으로 지문에서 모르는 낱말 5개에 동그라미를 하고, 뜻을 찾아서 적도록 한다. 욕심을 내서 낱말의 수를 늘리면 아이들이 버거워한다. 이건 어려운 단어를 외우도록 하려는 게 아니다. '내가 모르는 단어가 많구나!'를 깨닫고 낱말에 집중하는 태도를 길러주는 게 목적이다. 학생들은 글을 읽고도 거기에 그런 낱말이 있었다는 사실을 모르는 경우가 많다. 모르는 낱말을 찾아보려는 태도, 그게 국어 시간에 할 수 있는 문해력 활동의 핵심이다.

3차시는 2차시에 견주어 상대적으로 여유가 있다. 2차시에 했던 방법으로 베껴 쓰기를 되풀이하되, 2차시에 시간이 부족해서 촉박하게 넘어갔던 정리하기 활동을 더 꼼꼼하게 안내하고 함께 활동했다.

정리하기 단계에서 주의할 게 있다. 수업의 무게중심을 어디에 두

느냐, 다시 말해 수업의 과녁을 또렷이 해야 한다는 점이다. 활동을 산만하게 펼치면 배가 산으로 갈 위험이 있기 때문이다. 읽기가 더딘 학생이라면 몰입해서 읽는 것 자체에 무게를 둬야 한다. 그런 학생들이라면 정리하기 활동으로 제시한 요약 등은 가볍게 넘어가야 한다. 그것까지 부담을 주면, 정작 핵심이라 할 수 있는 몰입을 방해하기 때문이다. 읽기에 능숙한 학생이라면 그냥 베끼는 활동을 지루해한다. 정리, 요약, 확장하는 활동에 조금 더 무게를 두는 게 좋다. 욕심을 버려야 한다. 두 마리 토끼를 쫓으면 한 마리도 잡지 못한다.

5. 각자의 읽기 태도 점검하기

이렇게 한 시간 수업을 마치면 아이들은 하소연한다. 머리에 쥐가 날 것 같다, 토할 것 같다……. 그런 소리를 들으면 슬며시 웃음이 난다. 운동이 제대로 됐다는 뜻이기 때문이다. 오히려 아무렇지도 않은 경우가 문제다. 읽기에 몰입하지 않았을 가능성이 크다.

> **교사:** 이번 시간 어땠나요? 정말 힘들었을 겁니다. 사람이 힘을 쓰면 힘이 드는 게 당연합니다. 여러분은 오늘 '집중력'이란 힘을 썼습니다. 그동안 집중력이 부족했던 학생들은 오늘 유난히 힘들었을 겁니다. 힘들다고 여기서 멈추면 힘을 기를 수 없어요. 가벼운 무게만 들어서는 근육이 붙지 않습니다. 더 무거운 중량을 견디는 사람이 더 단단한 근육을 갖게 될 겁니다.

수업이 끝나고 몸 상태를 스스로 확인해 보도록 했다. 너무 힘들었다면 그동안 그런 근육을 안 썼기 때문은 아닌지? 반대로 조금도 힘들지 않았다면 이번 시간에 집중하지 않아서 그런 건 아닌지? 물론 읽기 능력이 너무 뛰어나서 힘들지 않을 수도 있지만, 그런 학생은 정말 드물다.

그리고 한 가지 더 점검해 보도록 했다. 오늘 수업을 어떤 태도로 들었는지? 모두 같은 교실에서 같은 교사의 얘기를 듣고 있지만 듣는 태도는 제각각 다르다.

• **귀로만 듣는 아이**: 한쪽 귀로 들어온 말소리는 자연스럽게 다른 귀로 흘러나간다. 교사의 설명은 귀를 스쳐 지나갈 뿐이다. 그러니 수업을 듣고도 남는 게 없다. 이건 들은 게 아니다. '들었다고 착각'하는 것이다.

• **머리로 듣는 아이**: 교사의 설명을 들으며 생각한다. 저게 무슨 의미일까? 어떤 근거에서 저런 말씀을 하실까? 지난 시간에 배운 내용이랑 뭐가 다르지? 여기서 시험 문제를 만든다면 어떤 게 나올 수 있을까? 이렇게 머리를 쓰며 읽는 아이는 시험 성적이 좋을 가능성이 크다.

• **마음으로 듣는 아이**: 교사의 얘기를 들으며 때로는 공감하고 때로는 감동한다. 이런 학생은 오늘 수업을 들으며 자신의 읽기 태도를 반성하기도 하고, 앞으로의 각오를 다지기도 한다.

• **온몸으로 듣는 아이**: 교사의 이야기를 듣는 데서 그치지 않고 그걸 몸

으로 실천하려고 노력한다.

들기뿐 아니라 읽기도 마찬가지다. 눈으로만 대충 보고 '읽었다고 착각'하는 경우가 많다. 그런 학생들은 눈으로는 읽지만 머릿속에 남는 게 거의 없다. 말 그대로 스쳐 지나간다. 그와 달리 머리로 생각하며 읽는 학생들도 있고, 많지는 않지만 마음이나 온몸으로 읽는 학생도 있다.

교사: 여러분은 그동안 어떤 태도로 수업을 듣고 글을 읽었나요? 혹시 그것 때문에 여러분의 성적이 그런 건 아닌가요? 오늘 이규보의 〈이옥설〉을 읽었죠? 누구나 잘못할 수는 있어요. 그건 문제가 안 돼요. 잘못을 금방 알아차리고 고치려고 노력하면 좋은 사람이 되기 때문입니다. 하지만 고치지 않고 방치한다면 기둥이 썩어서 손을 댈 수 없는 지경이 됩니다. 이 수업은 앞으로 8시간 남았습니다. 남은 시간 동안 여러분의 읽기 태도를 점검하고 그걸 고치려고 노력해 봅시다.

2차시를 마치는 종이 울린다.

2단계 문장 단위로 요약하며 베껴 쓰기

1단계(2~3차시) 수업에서 지문을 토씨까지 있는 그대로 베꼈다면, 2단계(4~5차시) 수업에서는 한 단계 올라선다. 문장 단위로 요약해서 적는 방식이다.

진행 방식은 1단계와 크게 다르지 않다. 준비 단계에서 문단과 문장에 번호를 붙인다. 첫 문장을 조용히 소리 내서 읽는다. 조심스레 눈을 들고 첫 문장을 소곤소곤 읊조린다. 그런 다음 종이에 적는데, 여기서 차이가 있다. 문장을 토씨까지 있는 그대로 다 적는 게 아니라 정리해서 적어야 한다.

문장의 핵심만 간략하게 요약해서 적으라는 게 아니다. 그렇게 하면 세부 정보가 줄줄 빠져나가기 때문에 베껴 쓰기를 하는 의미가 없다. 문장의 내용을 최대한 빠짐없이 촘촘하게 적되, 아래와 같이 세 가지만 바꿔야 한다.

- 토씨 등 내용을 해치지 않는 범위에서 최소한으로 생략한다.
- 추상적 개념은 왼쪽, 그에 대한 설명은 오른쪽에 배치한다.
- 화살표 등의 기호로 대체할 수 있는 부분을 바꾼다.

이건 말로 설명해도 학생들이 잘 이해하지 못한다. 실제로 정리한 걸 비교해 보면서 스스로 느껴야 한다. 2단계 수업에서는 학생 두 명을 미리 뽑아서 그 두 명은 칠판에 직접 쓰도록 한다. 베껴 쓰기가 끝나면 교사가 칠판 좌우에 있는 두 내용을 비교하면서 설명한다. 그러면서 그 가운데 하나를 조금씩 고쳐서 교사가 정리하는 방식도 보여준다. 경험으로 보아, 조금 나은 것을 보면서 조금 부족한 것에 손을 대는 게 낫다. 그렇게 하면 학생들은 칠판에 있는 두 결과물, 본인이 직접 정리한 것, 교사가 새로 고친 것, 이렇게 네 개를 비교하며 더 효율적으로 정리하는 방법을 익히게 된다.

앞서 예시로 들었던 〈이옥설〉은 이렇게 정리할 수 있다.

1

① 행랑채 세 칸: 퇴락 → 지탱 × → 내가 모두 수리

② 두 칸: 지난 장마에 비 샘 → 기운 지 오래 → 알고도 미루고, 수리 ×

③ 한 칸: 비가 한 번 샘 → 곧바로 기와 교체

④ 비가 샌 지 오랜 것: 들보/기둥 모두 썩음 → 사용 × → 비용↑

⑤ 한 번 비 샌 것: 재목들이 모두 완전 → 다시 사용 ○ → 비용↓

2

① 이걸 보고 생각

② 이런 일 ⇒ 사람

③ 잘못 알고도 서둘러서 고치지 않음 → 몸이 망가짐(나무가 썩어서 못 쓰게 되는 것처럼)

④ 잘못 → 고치기를 꺼리지 않음 → 다시 좋은 사람이 됨(집의 재목을 다시 쓸 수 있는 것처럼)

3

① 한 사람 ⇒ 나라의 정치

② 백성 좀먹는 무리 → 당장 편함만 생각, 개혁 × → 백성 마음 떠남, 나라가 위태

③ 바로잡으려 해도 다시 붙잡아 일으키기가 대단히 어려움

④ 이를 경계함

제대로 정리했는지 확인하려면 원문을 '재생'해 보면 된다. 이때 교사의 노력이 좀 필요하다. 교사는 미리 지문을 분석해서 어떻게 정리할까 준비도 해야 하지만, 지문을 여러 번 읽어서 어느 정도 암기하고 있어야 한다. 칠판에 정리해 줄 때 지문을 흘끔거리지 않고 머릿속 기억으로 술술 풀어내면 아이들 눈이 휘둥그레진다. 사실 그리 어렵지는 않다. 칠판에는 학생들이 정리한 판본이 두 가지나 있어서 그걸 보면서 재생하기 때문이다.

그렇게 한 문단을 정리하고 나면 학생들과 함께 원문을 그대로 재생해 본다. 지문이 아니라 칠판을 보면서 재생해야 한다. 학생들이 주로 하고 교사는 조금씩 보태주는 방식이다. 재생이 잘 된다면 제대로 정리한 셈이다. 거듭 강조하지만 베껴 쓰기가 핵심이 아니다. 지문을 머리에 넣는 게 중요하다.

여기서는 여러 사정 때문에 〈이옥설〉을 예로 들었다. 문학 작품이라 구조가 또렷하게 드러나지는 않는다. 그래도 이렇게 정리하고 보면 ①문단의 ② 문장과 ③ 문장, ④ 문장과 ⑤ 문장이 각각 대조라는 걸 알 수 있다. 더 나아가 ② 문장이 ④ 문장으로, ③ 문장이 ⑤ 문장으로 이어지는 흐름도 보인다. 설명하는 글이나 설득하는 글에서는 구조가 조금 더 선명하게 드러나는 편이다.

이렇게 문단 단위로 재생하거나 구조를 분석하는 활동은 매우 큰 의미가 있다. 문단은 생각의 단위이기 때문이다. 그리고 다음에 올라가야 할 3단계에서 한 문단을 통째로 외워야 하는데 그 활동에 대한 연습도 된다.

학생들은 2단계(4~5차시) 수업까지는 대체로 따라온다. 3단계(6~7차시) 수업에서는 한 단계 더 올라서야 하는데, 이때부터는 힘들어서 포기하려는 아이들이 나온다. 완벽하지 않아도 좋으니 할 수 있는 만큼만 도전해 보자고 그 아이들의 손을 잡아줘야 한다.

> 교사: 여러분이 지금 밟고 있는 계단에서 하나 더 올라서면 그걸 '성장'이라고 합니다. 지난 시간까지 수업을 잘 따라온 친구는 그게 그 친구의 현재 단계입니다. 다음 단계로 올라서야죠. 다음 단계는 어떤 세상일까요? 이번 단계를 완벽하게 하지 않아도 좋아요. 다만 그게 어떤 세상인지 살짝이라도 엿볼 수 있으면 좋겠어요.

3단계에서는 문단 단위로 베껴 쓴다. 각 문단과 문장에 번호를 붙이는 건 마찬가지다. 다음부터 확 달라진다. 한 문단을 통째로 몰입해서 읽으며 그 문단 전체를 머릿속에 넣어야 하기 때문이다.

1단계에서 했던 것처럼 토씨까지 있는 그대로 외우려면 힘들다. 2단계에서처럼 문장 단위로 요약해야 한다. 더 나아가 한 문단에서 각 문장의 관계를 구조화해야 제대로 외울 수 있다. 이 문단에 문장이 몇 개인지, 첫 문장에서 무슨 얘기를 했고, 그게 다음 문장으로 어떻게 이어지는지 흐름을 파악해야 한다.

그렇게 한 문단을 머릿속에 넣었으면 그걸 종이에 쓴다. 다 쓰고 나서 중요한 문장에 밑줄을 긋고 문단의 핵심을 요약하는 일은 오히려 어렵지 않게 한다. 그렇게 다음 문단도 몰입해서 읽고, 머릿속에서 구조화하고, 종이에 베껴 쓴다.

여기서도 앞 단계에서처럼 학생 둘을 뽑아서 칠판에 정리하도록 했다. 교사가 정리해 줄 때는 2단계처럼 할 수도 있고 다른 방법을 선보일 수도 있다. 이렇게 다양하게 소개하면 학생들이 저마다 맞는 방법을 고르는 폭이 넓어진다. 아래 그림은 생각그물(마인드맵)로 정리해 본 것이다.

너무나 당연한 소리지만, 왼쪽부터 차례대로 정리하면 안 된다. 학생들의 사고 과정과 어긋나기 때문이다. 먼저 학생들과 함께 지문 내용을 정리한다. 그걸 바탕으로 '설(說)' 갈래의 특징(왼쪽)이나 글의 논리구조(오른쪽)를 덧붙여야 한다. 이렇게 귀납적으로 차근차근 펼쳐야 학생들이 조금씩 생각을 끌어올리며 수업에 몰입하도록 이끌 수 있다.

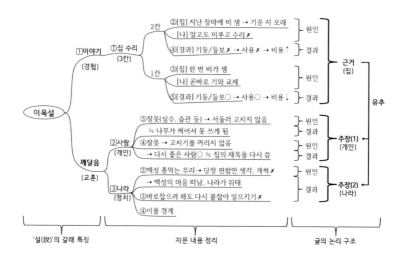

4단계(8차시)에서는 지문 하나를 읽고 통째로 외워야 한다. 방법은 아주 간단하다. 지문 전체를 꼼꼼하게 읽는다. 그리고 그걸 외워서 베껴 쓴다. 말로 설명하면 무척 단순하지만 학생들 대부분은 이 단계를 무척 버거워한다. 그런 줄 알면서도 이 활동을 하는 이유가 있다.

> 교사: 오늘 수업은 분명히 힘들 겁니다. 하지만 우리 가운데 누군가는 이걸 하는 친구가 있을 겁니다. 그걸 보는 것만으로도 큰 공부가 될 겁니다. '와! 말도 안 돼! 이걸 하는 사람이 있구나!' 여러분이 올라서야 할 새로운 세계를 간접적으로 경험하는 기회가 되겠죠. 그 주인공이 누가 될지는 아무도 몰라요. 여러분 자신도 알지 못했던 재능을 이번 시간에 찾을 수도 있어요. '나는 아닐 거야.'라고 지레 포기하지 마세요. 오늘의 주인공은 과연 누구일까요?

활동을 시작하자마자 신기한 광경이 펼쳐졌다. 아이들이 저마다 지문에 화살표, 동그라미, 네모 따위로 표시하면서 글을 구조화했다. 수업 시간에 따로 가르치지도 않았는데, 어디선가 본 게 있어서 그런지 나름의 방법으로 지문을 분석했다. 지문 하나를 통째로 외우려니 어떻게든 그렇게 몸부림을 치는 것이다.

지문 전체를 읽고 외우는 일도 어렵지만 그걸 종이에 쓰는 건 더 어렵다. 쓰는 활동에 시간이 많이 소요되다 보니, 앞부분 내용을 쓰는 동안 기껏 머릿속에 집어넣은 뒷부분 내용이 사라지기 때문이다. 그래서 4단계에서는 베껴 쓰기가 아니라 '암송'을 활용했다.

치열하게 외우는 시간이 지나면 학생 한 명을 대표로 불러내서 암송하도록 했다. 어떤 학생을 불러내야 할까? 각자 따로 글을 외우는 시간에 아이들은 가끔 눈길을 허공에 던지고 외워보곤 하는데, 그때 유독 눈이 빛나는 아이가 있다. 스스로 깜짝 놀라며 당황스러운 눈빛을 보일 때도 있다. '이게 왜 되지?' 그런 아이를 지목해야 한다.

앞에서 암송하는 동안 앉아 있는 친구들도 글을 보지 못하게 덮었다. 그리고 암송하는 친구가 헤맬 때는 조금씩 도와주도록 했다. 교사도 옆에서 거들었다. 집단지성의 힘으로 암송을 완성하는 셈이다. 모든 학생이 글의 내용을 머릿속에 다시 한번 정리하는 부수적인 효과도 있다.

곁에서 도와주니 어떻게든 글 하나를 성공적으로 암송할 수 있다. 그렇게 암송을 마치면 가장 놀라는 게 누굴까? 암송한 학생을 바라보는 친구들이 아니라 암송한 학생 자신이다.

이 수업의 성공 여부는 대표로 암송하는 학생의 '능력'이 아니라 앉아 있는 학생들의 '참여'에 달렸다. '나는 아니야.'라고 손을 놓고 있었던 방관자라면 앞에 나온 친구가 암송에 성공하더라도 아무런 감흥이 없다. 본인이 주인공이 되기 위해서 치열하게 외우고, 앞에 나온 친구가 떠듬떠듬 외울 때 작은 소리로 거기에 한두 문장 보태고, 친구가 암송에 성공할 수 있도록 조마조마하게 마음 졸인 학생이라면 대표 학생의 성공이 마치 자신의 성공인 것처럼 가슴이 벅차오른다. 그런 분위기라면 학생 하나하나가 모두 수업의 주인공이 될 수 있다.

수업에 대해 평가하고 소감 나누기

어느덧 마지막 시간이다. 각자 열 시간 동안의 수업에서 느낀 점과 앞으로의 각오를 글로 쓰고 그걸 발표하도록 했다.

1. 열 시간 수업의 의미

베이컨이 이런 말을 했다고 한다.

> "독서는 풍부한 인간을 만들고,
> 저술은 정확한 인간을 만들고,
> 회의는 용감한 인간을 만든다."

이 말의 깊은 뜻은 다양하게 해석할 수 있겠지만, 이렇게도 해석해 본다. 이건 '완전한 배움'에 이르는 길을 제시한 것이다. 눈으로 읽고[독서], 손으로 쓰고[저술], 입으로 말해야[회의] 비로소 제대로 배웠다고 할 수 있다.

> 교사: 우리는 문장 하나를 눈으로 읽고, 입으로 소리 내서 읊조리고, 손으로 썼습니다. 그렇게 문장 하나하나를 제대로 읽었습니다. 그러면서 '읽는 게 이런 거구나! 제대로 읽으면 머릿속에서 이런 일이

벌어지는구나!'를 경험했습니다. 이제 여러분은 더 어려운 글도 읽어낼 수 있는 용기를 갖게 되었을 겁니다.

열 시간의 수업은 달리기의 모래주머니였고, 태권도의 품새였고, 배드민턴의 구분 동작이었다. 이제는 모래주머니를, 품새를, 구분 동작을 버릴 때가 됐다.

2차시에도 얘기했지만 '베껴 쓰기의 궁극적인 목표는 베껴 쓰기를 버리는 것'이다. 더 정확하게 표현하면 머릿속에 종이 한 장 넣는 것, 그래서 머릿속 종이에 베껴 쓰는 것, 그게 진짜 목표다.

2. 앞으로의 각오

1단계부터 4단계까지의 읽기 수업은 학생들의 읽기 등급과 맞닿아 있다. 열 시간 수업을 통해서 각자 자신의 등급을 확인했으니, 이제 그에 맞는 학습 전략을 세우면 된다.

읽기 등급	학생의 읽기 능력	연습해야 할 단계
5등급	읽기에 집중하지 못함	1단계
4등급	문장을 있는 그대로 암기	2단계
3등급	문장을 구조화해서 암기	3단계
2등급	문단을 구조화해서 암기	4단계
1등급	지문을 구조화해서 암기	문제를 많이 푸세요!

누구나 1등급의 능력을 갖추고 싶지만, 그건 욕심을 내서 될 일이 아니다. 5등급 학생이 하루아침에 1등급이 될 수는 없다. 차근차근 한 발씩 계단을 올라가야 한다. 읽기에 어려움을 느끼는 5등급 학생이라면 1단계를 열심히 연습해서 4등급을 노려야 한다. 1단계 수업을 어려움 없이 따라왔던 4등급 학생이라면 2단계 연습을 꾸준히 해서 3등급에 도전해야 한다. 이렇게 한 등급씩 올리는 걸 목표로 해야 한다.

열 시간 동안 함께 수업했지만, 그걸로 등급을 올리기에는 역부족이다. '학(學)'에서 그치지 말고 '습(習)'해야 한다. 그걸 위해서 수업에서 다룬 지문 외에 30개 정도를 추가로 인쇄해 주었다. 그걸 꾸준히 공부해야 읽기 등급을 높일 수 있다.

다시 베이컨의 말로 돌아가 보자. 지난 열 시간 동안 학생들은 '닥치는 대로 읽는 게 아니라 베껴 쓰면서[저술] 읽으면 더 정확하게 읽게 된다.'라는 사실을 깨달았다. 그런데 그 깨달음이 그저 깨달음에 머물지 않고 변화의 동력이 되도록 하려면 어떻게 해야 할까? 그걸 위해서 앞으로의 각오를 발표하도록 했다. 그렇게 함으로써 앞으로 반드시 찾아오게 될 게으름과 맞설 용기를 얻게 된다고 생각했기 때문이다. 발표[회의]는 용감한 인간을 만든다!

마지막으로 학생들에게 당부하는 말을 전하고 수업을 끝냈다.

교사: 이제 열 시간의 수업이 끝납니다. 여러분은 그동안 참 열심히 했습니다. 하지만 착각하지 마세요. 그건 공부가 아닙니다. 공부를 위한 준비 운동일 뿐입니다. 진정한 공부는 열 시간 수업이 모두 끝나고 여러분이 이 교실 문을 나서는 순간부터 시작됩니다. 그게

진짜 공부고, 그게 여러분의 등급을 올려줄 겁니다. 여러분은 지난 열 시간 동안 모래주머니를 다는 방법을 배웠을 뿐입니다. 그걸 배웠다고 여러분의 달리기 실력이 느는 게 아닙니다. 이제 모래주머니를 달고 직접 뛰어야 합니다. 학교, 학원, 인강에서 듣는 수업은 모두 공부가 아닙니다. 교사의 시범일 뿐입니다. 시범을 보면 약간은 도움이 되겠지만, 결국 여러분이 직접 하지 않으면 실력은 늘지 않습니다. 공부는 여러분 혼자 하는 겁니다. 혼자 견디는 겁니다. 그래서 힘든 겁니다.

비주얼씽킹으로
문해력 기르기

호민애

수업 개요

"선생님, 그냥 글로 요약하면 안 돼요?"

신문을 읽고 비주얼씽킹으로 요약하기 활동을 할 때 한 학생이 이렇게 물었다. 왜 글로 요약을 하고 싶은 것일까? 다시 학생에게 되물어보니 이렇게 대답했다.

"비주얼씽킹으로 하면 대충 할 수가 없잖아요. 글로 하면 대충 해도 티가 안 나는데……."

나는 속으로 웃었다. 그래서 비주얼씽킹으로 하는 것이니까. 학생들은 인지적으로 노력하는 과정을 힘들어한다. 요약하기도 마찬가지다. 그래서 학생들은 간단한 방법을 찾는다. 문단의 중심 문장을 찾아 대충 베껴서 쓰고 요약했다고 생각한다. 그러나 이러한 방법으로는 글을 제대로 이해할 수 없다. 인지적으로 노력하고 몰입하는 과정을 거쳐야 글을 읽어내는 힘이 키워진다.

비주얼씽킹으로 요약하기를 본격적으로 시작한 이유는 고등학교에서 근무할 때 학생들이 글을 제대로 이해하지 않은 채 요약하는 모습을 많이 봤기 때문이다. 중학교에서 요약하기를 배웠을 텐데, 학생들은 요약을 제대로 하지 못했다. 교과서나 글을 읽자마자 그대로 옮겨 적기 바빴고, 그나마 그것도 하다가 마는 경우가 많았다. 시험 보는 당일 아침 자습 시간조차도 '옮겨 적기' 요약을 하고 있는 학생이 있었다. 이러한 모습을 보면서 글을 읽고 이해하는 전략으로써 요약하기를 제대로 가르쳐야 한다고 생각했다.

국어과 교육과정을 살펴보면, 글을 이해하는 전략으로써 요약하기를 다루고 있다. 초등학교 때는 글의 구조를 고려하여 요약하기를, 중학교 때는 읽기 목적이나 글의 특성을 고려하여 요약하기를 배운다. 성취기준 해설에서도 요약하기가 단순히 글의 분량을 줄이는 것이 아님을 강조하고 있다. 하지만 학생들은 요약하기를 문단에서 중심 문장을 찾는 것으로 이해하거나, 자신만의 언어로 재구성하지 않고 그대로 베끼는 경우가 많다. 이는 요약의 목적을 이해하지 못한 채 '선택, 삭제, 일반화, 재구성' 등의 요약하기 원리를 기계적으로 적용했기 때문이다.

요약하기를 제대로 하려면 필요한 정보를 선별할 줄 아는 것부터 시작해서 '추론하기, 문장의 연결 관계 파악하기' 등과 같은 읽기 기능을 종합적으로 활용할 수 있어야 한다. 또 글의 주제, 작자의 의도, 학습자의 읽기 목적, 배경지식 등과 같은 읽기 상황을 고려하면서 글의 의미를 파악할 필요가 있다. 선택한 중요한 정보들은 그 관계를 살펴 효율적으로 재구성해서 응집성 있게 진술할 필요도 있다. 따라서 학생들이 요약하기 수업에서 경험해야 할 것은 요약하기 과정을 통해 글을 제대로 이해하는 경험이다.

글 읽기 전략으로써 요약하기 수업에서는 문단 수준에서 중심 내용을 찾는 활동뿐만 아니라 글의 주제와 구조를 전체적으로 이해하고 종합하면서 자신의 읽기 목적에 따라 자신만의 언어로 재구성하는 과정까지 연습할 필요가 있다. 그래픽 레코딩 기법을 요약하기 수업에 적용한다면 학생들에게 이러한 기회를 줄 수 있다. 그래픽 레코딩은 비주얼씽킹과 같은 시각언어를 활용하여 정보를 시각적으로 기록하는 방법인데, 효과적인 회의 진행을 위해 도입된 방법 가운데 하나다. 그래픽 레코딩 과정에서는 핵심 내용을 선택하는 것뿐만 아니라 추상적인 언어를 구체적인 시각언어로 변환하면서 내용을 자신만의 언어로 재구성하는 것이 필수적으로 요구되고, 각 정보를 빈 공간에 적절히 배치하고 정보 간의 연결을 표현해야 하므로 전체 글의 구조를 자연스럽게 생각하게 된다.

이러한 그래픽 레코딩 과정을 요약하기의 학습 원리로 삼아 수업을 재구성했다. 학생들이 그 원리를 적용하여 스스로 글을 읽고 이해할 수 있는 기회를 제공하는 방향으로 수업을 구성한 것이다. 구체적인 수업 단계는 다음과 같다.

	단계	활동 내용
1단계	동기 유발 및 시각언어 배우기	• 요약하기와 관련된 경험 나누기 • 비주얼씽킹 시각언어 연습하기
2단계	동영상으로 비주얼씽킹 요약하기 전략 배우기	• 비주얼씽킹 요약하기 단계(탐색하기 – 분석하기 – 구조화하기 – 시각화하기 – 재창조하기) 연습하기
3단계	비문학 및 신문 읽기	• 비주얼씽킹으로 교과서 비문학 글 요약하기 • 자기 주도적으로 비주얼씽킹으로 신문 읽기

수업의 첫 번째 단계에서는 비주얼씽킹으로 요약하기 방법을 배우는 이유에 대해서 안내하고, 기본적으로 자신의 생각과 글을 시각언어

로 표현하는 연습을 한다. 두 번째 단계에서는 동영상을 활용하여 비주얼씽킹으로 요약하는 방법을 연습하고, 세 번째 단계에서는 이를 비문학 지문에 적용해 보고 스스로 신문 읽기 활동을 진행한다.

비주얼씽킹을 위한 시각언어 연습하기는 1차시 정도로 진행해도 되고, 학생들의 상황이나 수업 상황에 맞게 차시를 조정할 수 있다. 동영상으로 비주얼씽킹 요약하기를 연습하는 단계는 보통 2차시 이내로 진행되지만, 학생들이 이해하고 표현하는 데 시간이 걸린다면 처음에는 충분히 시간을 부여해 주는 것도 필요하다. 이후 비문학 읽기 또는 신문 읽기로 이어지는 수업 차시는 수업의 목표와 상황에 따라 유연하게 차시를 구성할 수 있다.

1단계 동기 유발 및 시각언어 배우기

1. 비주얼씽킹으로 요약하기, 왜 필요할까?

비주얼씽킹은 이미지로 표현하기 때문에 자칫 그림 수업이나 수준이 좀 낮은 활동으로 오해를 받기 쉽다. 그래서 비주얼씽킹으로 요약하기 전에, 이 활동이 왜 필요한지를 학생들의 생각과 경험으로부터 이끌어 냈다.

중학교 1학년 학생들은 요약하기를 어떻게 이해하고 있는지, 자신이 생각하고 있는 '요약하기'의 의미를 적어보라고 했다.

글에서 핵심적인 내용을 간략하게 요약하는 것을 말하며, 요약하는 방법은 요약문을 작성할 때 개요를 쓴다. 그리고 불필요하거나 반복되는 내용을 삭제한다.

요약하기는 일단 글에서 중요한 중심 내용만 골라서 간단히 쓰는 거라고 배웠다. 글의 핵심이 되는 문장을 찾아서 요약하는 글을 썼다.

요약하기란 글에서 핵심 내용만 간추리는 것이다. 요약하는 방법은 주요 내용, 한 단어의 설명 등을 뽑아 나타내면 된다.

요약하는 방법은 각 문단에서 중요한 것을 적고, 겹치는 내용 중 더 어울

리는 것을 쓰는 것입니다.

요약하기는 글을 요약해서 짧게 이해하는 것이다.

학생들이 적은 내용을 보면, 학생들은 요약하기를 능동적인 읽기 전략으로서 이해하기보다는 삭제의 원리나 선택의 원리 또는 짧게 줄이는 것으로 이해하고 있음을 알 수 있다.

학생들이 요약하기를 왜 하는지를 제대로 이해해야 활동을 제대로 할 수 있으므로 먼저 요약하기가 무엇이라고 생각하는지 질문한 다음, 요약하기에서 무엇이 어려운지를 물어봤다. 그러자 많은 학생이 중심 내용을 찾기가 어렵다고 대답했다. 중학교 1학년이라면 최소한 중심 내용 찾는 것은 쉽게 할 수 있겠다고 생각했는데, 예상을 빗나간 답변이었다. 확인이 필요한 답변이었기에 학생들에게 다시 구체적으로 설명해 달라고 했다.

"그러니까…… 글로 적으려고 하면 어떤 것이 중요하고 어떤 것이 중요하지 않은지 판단하기가 어려워요. 전부 중요한 내용 같아서요. 정말 중심 문장만 적어두면 중요한 내용을 빠뜨릴 것 같기도 하고요." 시우가 이렇게 이야기하자 지훈이는 "맞아요. 쓸 내용은 많은데, 다 쓰면 내용이 너무 많아지고 줄이면 나중에 어떤 내용이었는지 기억이 안 나요. 그래서 어려워요."라고 이야기했다. 그러자 승욱이는 '짧게'와 '길게' 사이 중간으로 대충 양을 맞춘다고 했다. 요약을 짧게 해야 한다고 해서 짧게 썼는데, 너무 짧다고 해서 다시 썼더니 너무 자세하게 썼다고 선생님이 말씀하셔서 분량을 중간 정도로 했다는 이야기다. 결국 학생들은 요약문을 작성할 때 혼란을 겪고 있음을 확인할 수 있었다.

학생들이 어떤 어려움을 겪는지 확인한 다음, 비주얼씽킹으로 요약한 결과물을 제시하여 비주얼씽킹 요약하기 활동에 대한 동기를 유발했다. 비주얼씽킹 요약하기 결과물을 보여줄 때 중학생 것이 아닌 고등학생들이 했던 것을 보여줬는데, 이는 학생들이 비주얼씽킹을 배우면 공부할 때 지속적으로 활용할 수 있다는 것을 한 번 더 강조하고 싶어서였다.

교사: 여러분, 이것 보세요. 이것은 비주얼씽킹으로 글을 요약한 것입니다. 이렇게 비주얼씽킹으로 요약하면 무엇이 좋을까요?

'비주얼씽킹으로 요약하기' 결과물

활동 결과물을 보고 학생들은 "우아, 진짜 잘했다." "진짜 잘 그렸다." 같은 반응을 보였다. 그러나 이러한 반응에만 머물면 자칫 이미지를 잘 표현하는 것에만 집중할 수 있기 때문에, 그 반응을 수용해 주면서 전환도 해주었다.

교사: 잘 표현했죠? 근데 이것들은 전부 수업 시간에 한 것이 아니에요. 선생님이 고등학교에 있을 때, 누나들이 비주얼씽킹을 배우고 나서 공부할 때 스스로 활용한 거예요. 여러분도 비주얼씽킹으로 요약하는 방법을 배우고 나면 고등학교에 가서도 공부할 때 적용할 수 있어요. 또 대학교 가서도 공부할 때 활용하고 있다고 하니까, 여러분도 이번에 배우면 쭉 활용할 수 있어요.

자, 그러면 다시 책을 읽으면서 문학 작품을 감상할 때 내용을 이렇게 요약해 두면 무엇이 좋을지 이야기해 볼까요?

"누구나 내용을 쉽게 이해할 수 있을 것 같아요." 경훈이가 말했다. 왜 그렇게 생각하냐고 물어보니, 비주얼씽킹 요약의 효과를 가르쳐주지 않았는데도 이렇게 대답했다. "왜냐하면 그림으로 표현되어서 내용이 한눈에 들어오고, 글의 전체 순서도 보여서요." 이렇게 학생들은 배우지 않아도 직관적으로 비주얼씽킹의 효과를 말할 때가 많다.

> 교사: 맞아요. 글로만 요약한 것보다 구조가 한눈에 보이고, 중요한 내용을 시각화해 놓으니 누구나 글의 내용을 쉽게 이해할 수 있어요. 그래서 같이 비주얼씽킹으로 요약한 것을 보면서 글의 내용을 더 이야기 나눌 수도 있고, 같이 이야기 나누면서 내가 이해하지 못한 것은 무엇인지 확인도 쉽게 할 수 있어요.

"그런데, 선생님! 이렇게 하려고 하는데 뜻을 모르면 어떻게 해요?" 경호가 이렇게 물었다. 이런 질문은 교사 입장에서 매우 반갑다. 수업의 의도를 좀 더 쉽게 설명할 수 있는 기회이기 때문이다. 물론 질문이 없는 경우는 "이렇게 글을 비주얼씽킹으로 표현하려면 어떻게 해야 할까요?"라고 유도 질문을 하기도 한다. 어쨌거나 이렇게 질문을 해주는 학생이 있다면 다른 학생들이 질문의 답을 찾아주기도 한다. "그러니까 뜻을 생각해야지."라고 말하는 친구의 답에 경호는 고개를 끄덕였다.

> 교사: 네, 맞아요. 글을 읽고 뜻을 머릿속으로 떠올려 봐야 해요. 그래서

무슨 뜻인지 생각도 해보고, 모르는 단어가 있으면 그 뜻을 찾아보기도 해야 합니다.

비주얼씽킹은 단순히 그림으로 표현하는 것이 아니라 내용을 이해하고 머릿속으로 의미를 생각하는 과정이다. 학생들은 비주얼씽킹 활동을 하면서 이러한 원리를 실제로 경험하게 된다. 내용을 이해하지 않고는 이미지로 표현할 수 없을뿐더러, 추상적인 의미를 구체적인 이미지로 표현하려면 끊임없이 생각해야 하기 때문이다.

2. 비주얼씽킹 시각언어 배우기

학생들은 확실히 이미지에 익숙한 세대이다. 모바일 메신저로 소통을 많이 하기 때문에 이모티콘이나 이미지로 자신의 생각을 전하는 것도 자연스럽다. 그렇다고 해서 모든 학생이 시각언어 표현을 잘하거나 이에 대해 자신감을 가지고 있는 것은 아니다. 그렇기 때문에 비주얼씽킹 활동의 첫 단추는 학생들이 기초적인 시각언어 표현 방법을 익히고 자신감 있게 표현하도록 유도하는 것이다.

교사: 이번 학습지를 통해서 비주얼씽킹 시각언어를 연습해 보려고 합니다. 비주얼씽킹은 여러분이 미술 시간에 배우는 그림이 아니에요. 예술을 위한 그림이 아니고 의사소통을 위한 그림입니다. 그래서 자세히 그리는 것보다 무엇을 표현했는지 다른 사람이 잘 알아

볼 수 있게 그려야 합니다.

(칠판에 스틱맨을 그리며) 여러분, 이것처럼 사람도 간단하게 동그라미와 선으로 표현하면 됩니다.

교사가 그린 스틱맨 그림을 보면 학생들은 웅성대기 시작하거나 밝은 표정을 짓기도 하고, 정말 그렇게만 그려도 되냐고 묻기도 한다.

교사: 그럼요! 선생님처럼 이렇게 못 그려도 됩니다. 단지 어떤 사물인지 알아볼 수만 있으면 돼요. 사물의 중요한 특징을 잡아서 선으로 그리면 됩니다. 만약 그렇게 표현했는데도 다른 사람이 못 알아볼까 봐 걱정되면 그림 아래에 무엇을 표현했는지 적어주면 됩니다. 먼저 기본 도형부터 연습해 보는 학습지를 나눠드릴게요. 여러분이 갖고 있는 컴퓨터용 사인펜이나 네임펜으로 표현해 보세요.

이렇게 학생들이 비주얼씽킹 표현 자체에 부담을 갖지 않도록 분위기를 만든 뒤 학습지를 나눠준다.

처음에는 비주얼씽킹 시각언어 학습지를 기존의 비주얼씽킹 시각언어를 따라 그리는 학습지로 구성했었다. 그러다 보니 학생들은 아무 생각 없이 따라 그리는 것에만 집중했다. 누가 더 비슷하게 그렸고 표현을 잘했는지에 관심을 쏟는 학생들을 보면서 방법을 바꿀 필요가 있다고 생각했다. 기존의 비주얼씽킹 시각언어 활동지는 성인을 대상으로 이미지 표현을 훈련하기 위한 것이므로, 시각적 사고를 활용하여 글을 이해하기 위한 전략으로 비주얼씽킹을 적용하고 있는 수업 목적에

비주얼씽킹 시각언어 학습지

• **비주얼씽킹(Visual Thinking)이란?**
자신의 생각을 글과 이미지를 통해 체계화하고 기억력과 이해력 등을 키우는 시각
적 사고 방법입니다.

• **기본 선, 도형 그리기**

점		선	
곡선		스프링	
원		타원	
삼각형		사각형	
직사각형		구름 모양	

• **우리 교실에 있는 사물을 기본 도형으로 표현해 보세요.**

부합하지 않았다. 그래서 이미지를 따라 그리는 학습지가 아니라 특정 단어나 모양을 보고 자신만의 이미지를 떠올려서 그것을 간단하게 선으로만 표현하게 하는 학습지를 만들었다.

학습지를 본 학생들은 간단한 점, 선, 면, 도형이어도 스스로 생각해서 표현해야 한다. 처음에는 쉽게 표현하던 학생들이 어느 순간 "어, 스프링을 선으로 어떻게 표현하지?"라고 혼잣말을 하거나, "선생님, 타원이 어떻게 생겼었나요?"라고 묻기도 한다. 그러나 이러한 질문에 바로 대답해 주기보다는 스스로 생각하도록 유도하는 것이 좋다. 작은 것부터 스스로 생각하는 습관이 몰입으로 가는 힘을 키워주기 때문이다.

교사: 천천히 생각해 보세요. 간단한 도형이니까 여러분이 스스로 할 수 있어요.

학생들은 간단한 이미지도 곰곰이 생각하면서 표현한다. 이 또한 찬찬히 생각하고 시각적 사고를 훈련하는 과정이다. 따라 그리는 것에 비해 시각언어를 표현하는 속도가 느리기는 하지만, 이미지로 표현하는 활동과 생각하는 과정을 경험하게 할 수 있다.

교사: 이제 여러분이 표현했던 도형을 합쳐서 교실 안에 있는 사물을 표현해 볼 거예요. (직사각형을 그리며) 이것은 무엇을 표현한 것 같아요? 뭘까요?
맞아요. 칠판을 표현한 것입니다. (책상과 의자를 그리며) 네모와 선을 합치면 이렇게 책상과 의자를 표현할 수 있어요. 이렇게 기본

도형을 활용하여 우리 주변의 모든 것을 표현할 수 있어요. 자, 또 무엇을 표현할 수 있을까요?

"선생님, 선은 점으로 이루어져 있으니까 모든 것을 다 표현할 수 있겠네요?" 이렇게 기특하게 대답해 주는 학생이 있으면 그다음 설명을 이어가기가 수월하다.

> 교사: 맞아요. 다 표현할 수 있어요. 자, 주변 사물을 관찰해 보고 기본 도형으로 표현해 보세요.
>
> 여기서 주의할 점이 있어요! 시각언어를 활용한다고 해서 문자를 아예 안 쓰는 것이 아니에요. 주변 사물을 표현하고, 필요하다면 글로도 표현합니다. 나중에 비주얼씽킹으로 글을 요약할 때도 필요한 내용을 적어둘 수 있습니다. 특정한 용어나 이름은 글자로 써 놔야 요약한 다음에 확인할 수 있기도 해요. 그래서 비주얼씽킹은 그림만으로 표현하는 것이 아니라 글과 그림을 균형 있게 사용하는 것입니다.

이렇게 안내가 끝나면 학생들은 교실을 돌아보면서 주변 사물을 표현하기 시작한다. 그리고 각자가 그린 그림을 발표할 때, 다른 친구들의 발표에도 관심을 기울인다. 얼마나 잘 그렸는지가 아니라 무엇을 어떻게 표현했는지가 궁금하기 때문이다. 간혹 다른 친구들이 표현하지 못한 사물을 표현한 학생은 뿌듯한 표정을 짓기도 한다. 만약 똑같은 시각언어를 따라 그리는 방법으로 활동했다면 학생들은 다른 친구들의 그림에 관심을 가지지 않았을 것이다. 관심을 가지더라도 얼마나 잘 그렸는지에 집중해서 서로 비교하게 된다. 하지만 간단한 표현이라도 학생들이 스스로 생각한 것을 표현하게 되면 무엇을 어떻게 표현했는지에 관심을 가지게 되어 발표할 때 집중력도 높아진다.

시각언어 활동은 기본 도형, 사물 표현, 사람 동작 표현, 추상적인 가치 표현, 연상하기 등 다양한 활동을 단계별로 진행할 수 있다. 하지만 학습지에 있는 모든 활동을 순차적으로 다 진행할 필요는 없다. 수업 상황에 따라 한두 개만 진행해도 된다.

시각언어 학습지

또한 진행 방법도 유연하게 적용할 수 있다. 수업 시간 중 15분 정도를 할애해서 진행할 수도 있고, 1~2차시 정도 할애해서 진행해도 된다. 시험이 끝나고 나서, 혹은 학기 말 여유 있는 시간에 집중해서 활동해도 좋다. 또한 수업 중 활동과 연계하여 진행하면서 학생들의 시각적 사고를 키울 수 있도록 도울 수도 있다. 예를 들어, 사물 표현하기는 '나를 사물에 비유해서 소개하기' 활동이나 '소설 속 등장인물 소개하기' 활동과 연계해서 시각언어를 연습해 볼 수 있다.

2단계 동영상으로 비주얼씽킹 요약하기 전략 배우기

1. 동영상 내용 탐색하기

비주얼씽킹 시각언어 활동을 1~2차시 하고 난 다음, 이제 비주얼씽킹으로 요약하는 방법을 연습할 것이라고 안내한다. 처음 비주얼씽킹 요약하기 전략을 가르칠 때는 주로 동영상을 활용한다. 영상 매체를 활용하면 학생들의 호기심을 불러일으킬 수 있고, 읽기 능력에 상관없이 모든 학생이 참여할 수 있는 분위기를 만들 수 있기 때문이다.

영상은 3분 이내의, 학생들이 다양한 주제를 끌어낼 수 있는 것이 좋다. 이 수업에서는 '닉 부이치치'와 관련된 영상을 준비했다. 내용도 의미가 있을뿐더러 원인-결과, 시간 순서, 비교와 대조 등 여러 가지 요소를 선택해서 시각화를 시도해 볼 수 있기 때문이다.

비주얼씽킹으로 요약하기를 실제로 진행하다 보면 단계 구분이 명확하지 않고, 글을 읽고 요약할 때는 여러 단계가 혼재되기도 한다. 그러나 처음 비주얼씽킹 요약 방법을 배울 때에는 기본적 과정인 '탐색하기 – 분석하기 – 구조화하기 – 시각화하기 – 재창조하기'의 5단계를 차근차근 진행해 나가야 한다.

'탐색하기'는 요약하고자 하는 글이나 동영상의 줄거리나 전체 흐름을 파악하는 단계다. 글을 읽으면서 전체 흐름을 파악하고 내용을 이해하기까지 글을 여러 번 보듯이, 동영상도 '탐색하기', '분석하기' 단계에서 반복적으로 보여준다. 학생들의 요청이 있다면 '구조화하기' 단계에서 더 보여주기도 한다. '탐색하기' 단계에서는 대강의 흐름만 파악하면 되지만, 요약을 해야 한다는 부담감으로 긴장할 수 있으므로 동영상을 여러 번 보여줄 것임을 안내하고, 동영상을 볼 때 무엇을 생각해야 하는지 안내해 준다.

> 교사: 여러분, 지금부터 동영상을 두 번 볼 거예요. 그리고 여러분이 어려워하면 더 보여줄 거니까 걱정하지 않아도 돼요. 처음 동영상을 볼 때는 전체적인 줄거리를 파악해 보세요. 그리고 두 번째 볼 때는 이 동영상의 주제가 무엇인지 생각해 보세요.

두 번째 볼 때 주제를 파악하도록 하는 것은 다음 단계를 준비하기 위함이다. 다음 단계에서 학생들은 스스로 파악한 주제에 따라 세부 내용을 결정하고 이를 효과적으로 표현할 수 있는 구조를 생각해야 하기 때문에, 주제를 생각해 보는 것은 매우 중요하다.

> 교사: 여러분, 동영상을 두 번 보았는데 동영상의 주제는 무엇인 것 같아요? 선생님은 닉 부이치치가 자신의 상황에 절망하지 않고 넘어져도 계속 일어날 거라고 강조하고 있기 때문에, 희망을 잃지 말고 고난을 극복하자는 것이 주제인 것 같아요.
> 선생님처럼 동영상 내용과 연결해서 자신이 생각하는 주제와 그렇게 생각한 이유를 정리해 보세요.

교사가 생각한 주제를 예시로 들어주고 발표하도록 안내하면 학생들은 동영상의 주제에 대해서 다양하게 발표한다.

> 학생: 저는 닉 부이치치가 부모님의 사랑으로 절망을 이겨내고 행복하게 살고 있기 때문에, 부모님의 사랑이 주제인 것 같습니다.

학생들이 주제를 발표할 때는 그렇게 생각한 이유까지 꼭 이야기하도록 하고, 어느 정도 타당하다면 그 생각을 수용하고 인정해 준다. 어떤 학생은 '부모님의 사랑', 어떤 학생은 '남들과 비교하지 않기', 어떤 학생은 제목대로 '행복한 닉 부이치치'가 주제라고 했다. 때로 동영상의 내용과 거리가 먼 주제가 나오기도 하는데, 자신이 그렇게 생각한 이유를 말하는 과정에서 잘못 파악했음을 스스로 깨닫는다.

2. 동영상 내용 분석하기

'분석하기'는 요약하고자 하는 동영상이나 글의 핵심을 구체적으로 파악하는 단계다. 이 단계에서는 붙임쪽지를 활용하여 붙임쪽지에 핵심 내용을 적게 하고, 그것을 핵심 내용의 관계를 생각하면서 배열한다.

> 교사: 이제, 동영상을 보면서 핵심 내용을 붙임쪽지에 적어보세요. 여러분이 생각했던 주제를 생각하면서 핵심 내용을 적으면 됩니다.
> 핵심 내용을 붙임쪽지에 적을 때는 간략하게 적고 기호를 활용해 주세요. 또한 여러분이 긴 내용을 재구성해서 작성해도 됩니다. 중

요한 것은 하나의 붙임쪽지에 하나의 핵심 내용만 적는 겁니다. 붙임쪽지를 다 적은 다음 내용을 분류하고 배열할 것이기 때문에, 반드시 붙임쪽지 하나에 하나의 핵심 내용만 적어야 합니다.

그리고 여러분이 적을 수 있도록 동영상을 중간중간 정지할 거니까 걱정하지 않아도 됩니다.

붙임쪽지에 핵심 내용을 적는 방법을 설명해 주면서, 동영상 속도 때문에 내용을 적지 못할까 봐 걱정인 학생들을 위해서 중간중간 정지할 거라고 안내한다.

동영상을 다시 재생하는 순간, 학생들은 '탐색하기' 단계보다 더 집중하기 시작했다. 학생들의 눈에서 열의가 느껴졌고, 열심히 붙임쪽지에 내용을 적었다. 딴짓하면 내용을 놓칠 수도 있어서 집중력을 발휘하며 몰입한다. 이러한 모습을 볼 수 있어서 비주얼씽킹 수업을 사랑한다.

이 활동에 모든 학생이 집중한다 하더라도, 학생들의 성향에 따라서는 내용을 적게 적는 경우가 있다. 이럴 경우를 대비하여 붙임쪽지 개수의 최소 분량을 정해주면 격차가 크게 발생하지 않는다. 이 수업에서는 최소 분량을 붙임쪽지 12장으로 정해서 진행했다.

동영상을 보다 보면 중요한 부분인데도 일부 학생만 붙임쪽지에 글을 적는 경우가 있다. 이때는 교사가 다음과 같이 안내하여 학생들이 핵심 내용을 놓치지 않도록 유도할 수 있다.

교사: 자, 여기 부분이 어떤 내용이었나요? 잠시 여러분이 적을 수 있도록 정지하겠습니다.

이렇게 학생들의 요약하는 과정이 행동으로 드러나기 때문에 교사는 더 구체적으로 학생들에게 피드백을 제공해 줄 수 있고 내용 이해를 도울 수 있다.

> 교사: 자, 이제 여러분이 적은 붙임쪽지를 확인하면서 빠진 내용이 있다면 추가로 적어주세요.
> 혹시 동영상을 한 번 더 보고 싶나요? 그러면 동영상을 한 번 더 재생할게요. 동영상을 마지막으로 보면서 빠진 내용이 있는지 점검해 보세요.

1차 활동을 하고 나서 이렇게 다시 한번 점검할 수 있는 기회를 제공하여 깊이 있는 이해를 유도한다. 점검하는 시간이 지나고 나면, 학생들 앞에는 각자 적은 붙임쪽지가 무질서하게 혹은 의미 구조와 상관없

'분석하기' 활동의 결과물

붙임쪽지에 핵심 내용을 적고 적은 순서대로 배열되어 있는 상태

이 일렬로 배열되어 있다. 이제 다음 단계로 넘어갈 준비가 된 것이다.

3. 동영상 내용 구조화하기

'구조화하기'는 핵심 내용을 전체 주제 및 의미 구조와 연결 지어 생각하고 이를 시각적으로 표현하는 단계다. 이 단계에서 학생들은 글의 의미 구조를 생각하면서 핵심 내용을 적은 붙임쪽지를 배열한다. 붙임쪽지를 붙였다 떼었다 하면서 핵심 내용끼리의 관계, 전체 의미 구조를 이해하게 된다.

이 단계에서는 먼저 제목과 주제를 통해서 세부 내용을 점검한다. 학생들은 이 과정에서 필요한 내용을 더 적거나 필요 없는 붙임쪽지를 빼버릴 수도 있다. 이러한 점검은 붙임쪽지를 배열하면서 지속적으로 진행되기도 한다.

> **교사**: 여러분이 동영상을 처음 보면서 생각했던 주제를 떠올려 보세요. 동영상의 주제가 무엇이라고 생각했나요?
> 자신이 생각한 주제를 A4 용지 위쪽이나 가운데에 적어보세요. 세목으로 표현하고 싶다면 그렇게 해도 됩니다. 그리고 자신이 생각한 주제와 관련된 붙임쪽지만 남기거나 동그라미로 표시해 주세요. 만약 주제를 '부모님의 사랑'이라고 생각했다면 이것과 직접적으로 관련이 없는 붙임쪽지는 제외해 주세요. 확인하다 보니 필요한 내용이 더 생각났다면 붙임쪽지에 새로 적어도 됩니다.

이렇게 안내하면 학생들은 A4 용지에 자신이 생각한 주제를 적고 주제와 관련된 붙임쪽지만 남겨둔다. 제목이 있는 비문학 제재일 경우, 제목과 파악한 주제를 통해서 세부 내용을 점검하도록 한다.

학생들이 활동하는 동안 교사는 교실을 순회하면서 주제나 제목을 제대로 적었는지 확인하고, 진행 속도가 느린 학생들 중심으로 개별적인 피드백을 해준다.

> 교사: 자, 이제는 주제를 잘 드러내기 위해서 어떤 의미 구조로 핵심 내용들을 표현하면 좋을지 생각해 봅시다. 의미 구조는 시간의 흐름, 인과, 비교, 대조 등이 있습니다. 시간 순서는 화살표로 표현하면 되겠지요. 그렇다면 인과는 어떻게 나타내면 좋을까요?

교사는 학생들과 이야기를 주고받으면서 학생들이 의미 구조를 시각화하는 방법을 탐구해 나가도록 돕는다. 이러한 대화를 통해 학생들은 공간 배치와 간단한 기호를 통해 의미 구조를 표현할 수 있음을 깨닫고, 붙임쪽지를 어떻게 배열할 것인지 감을 잡아가게 된다.

학생들은 곰곰이 생각하면서 붙임쪽지를 떼었다 붙였다 해가며 재배열한다. 그리고 재배열하는 과정에서 필요 없다고 생각되는 붙임쪽지를 제외하기도 한다. 교사는 학생들이 활동하는 모습을 관찰하면서 예시로 보여줄 수 있는 것이 보이면 학생들에게 이야기해 준다.

> 교사: 지금 민준이는 시간 순서대로 배열하고 화살표를 그렸네요. 자, 한번 보세요. 그리고 종훈이는 종이를 반으로 나눠서 여덟 살 이전과

이후로 내용을 배열했네요.

지금 어떻게 해야 할지 잘 모르겠는 친구들은 이렇게 다른 친구들 것을 보면서 아이디어를 얻어보세요.

이렇게 예시가 될 수 있는 것들을 공유해 주면 막막해하던 학생들도 자신만의 아이디어를 떠올린다. 또한 자신의 것이 공유가 된 학생들은 더 열심히 집중하는 모습을 보여준다. 이렇게 비주얼씽킹 수업에서 교사는 학생들이 스스로 문제를 해결해 나갈 수 있도록 돕는 역할이 중요하다.

아래 사진들은 학생들이 붙임쪽지를 재배열한 것이다. 붙임쪽지 위에 동그라미로 표시해 가면서 시각화할 핵심 내용을 표시한 사례와 붙임쪽지의 재배열과 화살표를 통해 의미 구조를 간단히 시각화한 것을 확인할 수 있다.

기존의 그래픽 조직자나 씽킹맵을 활용한다면 시간은 훨씬 절약될 것이다. 기존의 맵이나 도식이 주어지면 학생들은 빈 여백을 채우기에

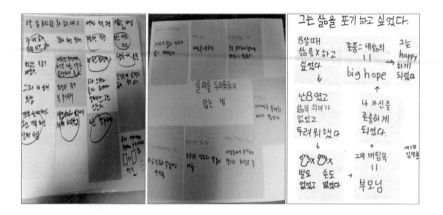

급급한 나머지 그래픽 조직자나 맵이 어떤 의미 구조를 표현하고 있는 지는 생각하지 못할 수 있다. 학생들이 능동적으로 의미를 구성하려면 스스로 탐구해 보는 과정이 필요하다.

만약 여러 가지 상황을 고려하여 그래픽 조직자나 씽킹맵을 활용 한다면, 어떤 의미 구조를 표현한 것인지 먼저 생각하게 하고 탐구할 시간을 부여하는 게 좋다. 그리고 스스로 의미 구조까지 표현할 수 있 는 기회를 마련해 주어야 글이나 영상의 내용에 대한 이해력을 높일 수 있다.

4. 동영상 내용 시각화하기

'시각화하기'는 본격적으로 비주얼씽킹으로 표현하는 단계다. 이 단계 에서 학생들은 확정한 의미 구조와 핵심 내용을 종이 빈 공간에 배치하 여 표현한다. 추상적인 내용을 구체적인 시각언어로 변환해 봄으로써 자신의 이해도를 점검할 수 있고 나아가 이해가 정교화된다.

> 교사: 이제 붙임쪽지에 적은 내용과 배열한 구조를 비주얼씽킹으로 표 현합니다. 전체 배열을 그대로 할 것인지 바꿀 것인지 생각해 보 고, A4 용지 어느 부분에 표현할 것인지도 생각해 보세요.
> 그리고 핵심 내용을 어떤 이미지로 표현하는 것이 좋을지 생각해 보세요. 여러분이 막막해할 것 같아서 선생님이 만든 것을 가져왔 어요. 선생님은 '닉 부이치치의 행복한 삶'이라고 제목을 맨 위에

적었고, 닉 부이치치가 지금 전 세계를 다니며 행복에 대한 이야기를 하고 있는 내용을 중심으로 표현했어요. 전 세계를 다니는 것은 이렇게 지구로 표현했고, 마지막에 닉 부이치치가 "I'm happy."라고 말한 것은 말풍선에 넣어 표현했어요. 조금 감이 잡히나요?

교사가 만든 예시 자료를 보여주면 학생들은 활동의 방향을 쉽게 이해한다. 민진이는 "아, 선생님! 닉 부이치치를 선생님처럼 표현해도 되나요?"라고 장난기 가득한 목소리로 질문하기도 했다. 아마 자신도 할 수 있다는 자신감을 얻은 듯했다. 교사의 예시 자료를 보여줄 때는 결과물만 보여주는 것이 아니라, 어떤 의미를 담아서 표현한 것인지 설명해 주는 것이 좋다. 그래야 학생들이 좀 더 의미를 생각하며 비주얼 씽킹 활동을 할 수 있기 때문이다. 교사의 예시 자료가 없다면 활동을 진행하면서 먼저 표현한 학생의 작품을 공유해도 된다.

교사: 여러분, 수연이는 두 발 위에 엑스 표시를 해서 걸음마를 하기 전부터 휠체어를 탔다는 내용을 표현하고 있네요.

교사는 다른 학생들보다 먼저 표현하고 있는 학생이 보이면, 어떻게 표현하고 있는지 간단하게 설명하고 그것을 반 전체 학생들에게 공유한다. 그러면 '구조화하기' 단계처럼 학생들은 그것에서 힌트를 얻기도 한다.

활동을 하다 보면 학생들이 질문할 때가 있다. 이때 교사가 바로 대답해 주기보다는 다시 반 전체 학생들에게 질문하여 학생들이 스스로 다양한 아이디어를 떠올리게 하는 게 좋다. "선생님, 절망은 어떻게 그려요?"라는 질문이 나오면 반 전체 학생들에게 질문을 던진다.

> 교사: 음, 글쎄 어떻게 표현하면 좋을까? 여러분, 혹시 '절망' 표현한 사람 있어요?

"저는 그냥 닉 부이치치가 우는 표정을 그리고 옆에 '절망'이라고 썼어요."라고 한 학생이 대답하면 이것만으로도 다른 학생들에게 좋은 자극제가 된다. 어렵고 안 된다는 생각에서 '할 수 있겠구나.' 쪽으로 생각이 전환되고, 또 다른 아이디어를 떠올리게 된다.

"선생님, 저는 아직 안 했지만 아이디어가 떠올랐어요. 만화를 보면 등장인물이 상황이 안 좋을 때 세로로 선을 그어서 표현하잖아요. 그렇게 하면 어떨까요?" 이렇게 한 학생이 아이디어를 말해준다면 더 많은 아이디어가 나올 수 있도록 기다려준다.

> 교사: 와, 좋은 아이디어예요! 혹시 또 다른 아이디어 있는 사람 있나요?

"닉 부이치치가 누워 있고 눈에서 눈물이 나오는 장면을 크게 그려도 좋을 것 같아요." 승욱이가 답하자, "희망을 하트로 표현하면 절망은 그 하트가 깨진 걸로 그리면 될 것 같아요." 수연이도 새로운 아이디어를 던져준다.

추상적인 내용을 비주얼씽킹으로 표현하는 것이 어렵기 때문에 시각화하는 방법을 다시 안내할 필요가 있을 때도 있다.

교사: 구체적인 사물은 간단하게 표현하면 되는데, 추상적인 내용은 어떻게 표현해야 할까요? 예를 들어, 행운이라고 하면 보통 네잎클로버로 표현하죠. 그럼 협력을 표현하려면 어떻게 하면 좋겠어요?

학생 1: 음, 서로 손잡고 있는 거요.

학생 2: 어깨동무하는 거요.

이렇듯 추상적인 내용은 비유적으로 표현하도록 안내하고, 다른 사람들도 알아볼 수 있게 표현하도록 강조한다. 활동이 어느 정도 마무리되면 색칠을 하려는 학생이 나타난다. 이미지의 완성도를 높이려는 것이다. 그러나 색칠을 하게 되면 나중에 수정하기도 어렵고, 표현하는 데 시간을 많이 쓰게 되어 생각하는 시간이 줄어들게 된다. 그래서 되도록 네임펜 하나로만 표현하게 하고, 색을 사용해서 의미를 표현할 필요가 있을 때만 색을 사용하게 한다.

학생들의 활동이 후반부로 가게 되면 다시 한번 강조하는 것이 있는데, 이미지와 글을 균형 있게 사용하도록 하는 것이다.

교사: 지금 여러분의 비주얼씽킹 작품을 보고 다른 사람들도 이해할 수 있을지 검토해 보세요. 필요하다면 핵심 어구를 글로 적어주세요.

비주얼씽킹으로 창의적인 아이디어를 표현할 때는 핵심 어구를 강조할 필요가 없다. 그러나 비주얼씽킹으로 요약할 때는 핵심 어구를 적지 않으면 자신이 요약한 것을 제대로 이해하지 못하는 경우가 생긴다. 이미지만으로는 전달하는 내용이 명확하지 않기 때문에 핵심 내용이나 용어 등은 반드시 글로 적어두도록 한다.

'시각화하기'는 학생들의 격차가 가장 많이 나는 단계다. 글을 이해하는 과정을 바탕으로 진행되기 때문이다. 교사는 학생들이 활동하는 동안 순회 지도를 하면서 어려워하는 학생들에게 개별 피드백을 통해 도움을 줄 수 있다. 피드백할 때, 학생에게 가만히 있지 말고 빨리하라고 재촉하거나 교사가 생각하는 방향을 제시하지 않도록 해야 한다. 학생 스스로 인지적인 어려움을 극복할 수 있는 힘을 기르는 것이 필요하기 때문이다. 만약 학생의 고민이 길어진다면, 무엇이 어려운지 질문을 통해 어려운 부분을 도와줄 수 있다. 내용을 이해하지 못해서 가만히 있거나, 내용은 이해했지만 시각화를 어떻게 해야 할지 고민이 되어서 그럴 수가 있기 때문이다. 동영상의 경우는 내용 이해를 못 하는 경우가 거의 없지만, 글을 읽고 비주얼씽킹을 할 때는 내용 이해를 못 해서 표현을 못 하는 경우가 종종 있다. 이때는 상황에 따라 단어의 의미를 찾게 하거나, 글의 전체 내용을 설명해 주기도 한다. 그래도 시각화를 어려워할 때는 다른 친구들의 예를 들어주거나 추상적인 개념을 표현하는 방법을 다시 생각하도록 안내한다.

5. 시각화한 내용을 재창조하기

'재창조하기'는 '시각화하기' 단계에서 완성한 자신만의 비주얼씽킹 결과물을 다시 정교화하면서 글이나 영상에 대한 이해를 더욱 심화시키는 단계다. 모둠 내에서 자신의 비주얼씽킹 결과물을 발표하고, 다른 친구들이 완성한 것을 보면서 자신의 것을 수정하고 보완한다. 또한 요약한 내용에 대한 자신의 생각을 발표하면서 요약으로 그치는 것이 아니라, 요약한 내용에 자신만의 경험과 지식을 덧붙여 새로운 내용을 창조하는 경험을 한다.

'시각화하기' 활동이 마무리되면 4~5인 모둠으로 구성하여 자신의 비주얼씽킹 요약하기 결과물을 발표하게 한다. 이때 자신의 결과물을 손으로 짚어가면서 어떤 의미로 표현한 것인지 구체적으로 설명하도록 안내한다. 그리고 모둠에서 발표하고 나서 수정하고 싶은 것이 있으면 수정해도 된다고 허용해 준다. 이렇게 수정의 기회를 주면 결과물의 완성도가 높지 않다고 생각하는 학생들이 부담감을 해소할 수 있고, 발표 과정에서 새롭게 알게 된 사실을 반영하여 완성도를 높일 수 있다. 때로는 발표 과정에서 자신이 잘못 이해한 부분을 깨닫고 내용을 수정하기도 한다. 교사가 흰 붙임쪽지를 준비해 두면 틀린 부분에 붙여서 수정할 수 있다.

비주얼씽킹 요약하기 수업의 목표는 글을 제대로 이해하는 것이기 때문에 계속해서 글에 대한 이해를 심화시켜 나가는 것이 중요하다. 그래서 비주얼씽킹 수업을 할 때, 혼자 표현하는 과정보다 모둠에서 발표하고 공유하는 과정을 더 중요하게 생각한다. 발표하면서 혹은 다른 사람의 발표를 들으면서 학생들은 자신이 놓친 것이 무엇인지 확인할 수 있고, 자신의 수업 결과물을 수정하면서 더 깊이 있는 이해로 나아갈 수 있기 때문이다.

모둠에서 비주얼씽킹 요약하기 결과물을 발표할 때 학생들의 집중력은 높은 편이다. 친구의 발표를 귀로만 듣는 것이 아니라 눈으로 보면서 들으니 더 잘 이해하게 된다. 발표자의 설명이 충분하지 않은 부분이 있으면 궁금한 점에 대해 질문을 하니 서로 질의응답도 원활하게 이루어진다. 이렇듯 비주얼씽킹을 통해 서로 소통하며 협력적으로 배우게 된다.

교사는 모둠에서 학생들이 발표하고 질문하고 대답하는 과정을 지켜보면서 학급 전체가 함께 보면 좋을 결과물을 선정한다. 모둠에서 학생들이 전체 발표할 사람을 정할 수도 있지만, 필요한 경우에는 교사가 정하기도 한다. 교사가 선정할 때는 주로 글의 구조를 시각적으로 잘 제시한 것, 글의 구조를 창의적인 아이디어로 제시한 것, 또는 중요한 내용이지만 학생들이 표현하지 못한 내용을 표현한 것을 선정하여 전체 발표를 하게 한다. 그리고 학생의 발표가 끝나면 교사가 강조하고 싶은 부분을 설명해서 학생들의 이해를 돕는다.

> 교사: 여러분, 수연이의 작품을 볼까요? 수연이는 동영상의 핵심 내용을 번호로 표시하여 내용의 흐름을 제시했어요. 남들과 자신을 비교하는 것을 거울을 보는 것으로 비유해서 표현한 것, 희망을 하트로 표현하고 절망을 그 하트가 깨진 것으로 표현한 아이디어가 매우 좋습니다. 7번에서 닉 부이치치가 실패해도 포기하지 않는다는 것을 표현하기 위해 닉 부이치치를 오뚝이로 표현한 것도 좋은 아이디어입니다.

수연이의 경우는 내용을 비유적인 이미지로 표현한 것이 좋았다. 추상적인 내용을 비유적인 이미지로 표현한 것이 무엇인지, 학생의 발

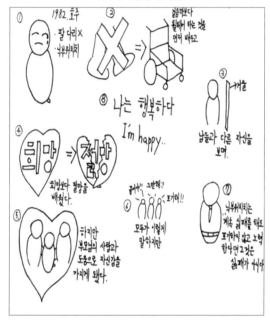

표가 끝난 다음에 교사가 다시 짚어주면 학생들은 추상적인 내용을 구체적인 이미지로 시각화하는 방법을 배우게 되는 셈이다.

> 교사: 지훈이는 '자존감이 이뤄낸 기적'이라고 제목을 적어서 닉 부이치치가 자존감을 갖게 된 내용에 대해서 구체적으로 표현했네요. ⑤에서 '='표시로 부모님의 생각을 표현했고, ⑥에서 닉 부이치치의 깨달음을 화살표와 위로 향하는 선으로 강조했습니다. ⑦에서 넘어져도 다시 일어선다는 것을 점선으로 표현했어요. 핵심 내용을 잘 표현해서 제목의 의미를 이해할 수 있었습니다.

지훈이의 활동 결과물

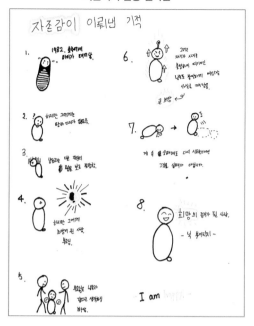

지훈이처럼 주제를 정하고 제목을 적은 뒤 그에 따라 세부 내용을 선정하는 과정은 요약하기를 능동적인 독서 과정으로 유도할 수 있다. 글을 제대로 이해하지 못한 학생들은 요약할 때 세부 내용에 집중하는 경우가 많기 때문에, 이것을 공유하면서 다시 한번 학생들에게 강조해 주었다.

중학교 1학년 남학생들의 결과물이 완벽할 수는 없다. 그러나 학생들이 하나하나 표현하기 위해 고민하고 시도한 과정을 함께했기 때문에, 어느 것 하나 부족해 보이지 않았다. 학생들마다 자신만의 의미를 담아 창의적인 구조로 표현하려고 노력한 것도 교사에게 감동을 주기에 충분했다.

학생들의 활동 결과물

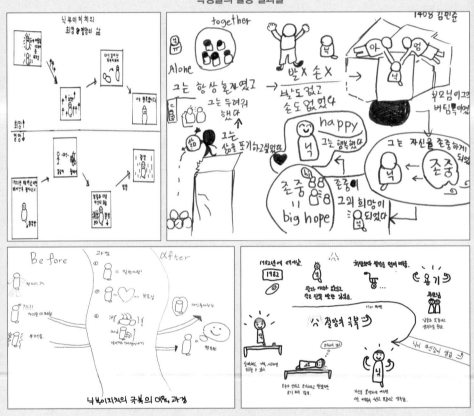

3단계 교과서 비문학 및 신문 읽기

1. 교과서 비문학 지문에 적용하기

동영상으로 비주얼씽킹 요약하기 전략을 연습한 다음에는 교과서 비문학 글이나 짧은 글에 적용하는 활동을 구성한다. 이때는 동영상으로 수업할 때보다 학생 주도의 활동으로 진행한다.

> 교사: 여러분, 지난 시간에 닉 부이치치 영상을 보면서 비주얼씽킹으로 요약하는 방법을 배웠죠? 오늘은 교과서에 있는 〈모두가 즐거운 착한 여행〉이라는 글을 읽고 요약해 볼 거예요.
>
> 먼저 칠판을 보세요. 선생님이 글을 읽으면서 어떻게 이해하는지 과정을 보여줄게요. 선생님은 먼저 제목을 보고 어떤 내용일지 생각해 봅니다. 그리고 문단의 중심 내용을 이렇게 밑줄을 긋거나 핵심 어구를 표시해요. 그리고 핵심 어구의 설명과 관련된 것은 화살표로 연결해 놓거나 요약한 내용을 간단하게 적어둡니다. 때로는 내용을 재구성해서 써보기도 합니다.
>
> 이렇게 핵심 내용에 밑줄 긋고 표시하고 메모하면서 읽어요. 이렇게 읽는 과정은 여러분이 닉 부이치치 영상을 보면서 붙임쪽지에 적은 것을 직접 책에 밑줄 긋고 메모하는 것과 같습니다.

이렇게 설명하자 민진이가 질문을 했다.

민진 : 선생님, 그러면 오늘은 붙임쪽지에는 안 쓰고 교과서에 밑줄 그으면서 표시해요?

교사 : 맞아요. 붙임쪽지에 적은 것은 여러분이 중심 내용을 파악하고 의미 구조를 파악하는 걸 연습하기 위해서예요. 실제로 글을 읽을 때는 붙임쪽지로 했던 것처럼 중심 내용이 무엇인지 생각하고 글의 의미 구조가 무엇인지 생각하면서 밑줄 긋고 메모하면서 읽습니다. 자, 그러면 시작해 볼까요?

교사는 사고 구술을 하면서 자신이 요약을 위해 중심 내용을 어떻게 파악하는지 글을 읽는 과정을 보여주고, 동영상으로 했던 활동과 연결해서 설명한다. 그리고 동영상을 반복해서 보았던 것처럼 글을 읽을 때도 반복해서 읽으면서 중심 내용을 파악하고, 글쓴이가 글을 쓴 목적과 제목의 의미를 생각하면서 전체 글의 의미 구조를 생각해 보도록 했다. 안내를 한 이후에는 학생들이 스스로 읽으면서 비주얼씽킹으로 요약하도록 했고, 마지막에는 모둠에서 발표하는 대신에 패들렛에 발표 영상을 찍어서 올리게 했다. 학생들의 결과물을 살펴보면, 닉 부이치치 영상으로 연습할 때보다 창의적으로 구성한 것을 더 많이 발견할 수 있었다.

다음의 결과물은 공정여행의 의미를 구체적으로 잘 시각화한 것으로, 공정여행의 의미를 잘 표현하지 못한 학생들에게 좋은 예시가 되었다.

일부 학생들은 기존 여행 산업과 공정여행을 비교한 부분까지만 비주얼씽킹으로 표현하고 공정여행의 의미를 표현하지 않았다. 글 앞

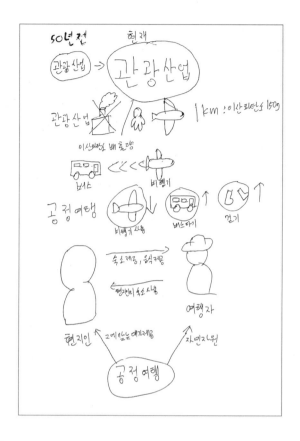

부분은 집중력 있게 읽었으나 뒷부분으로 갈수록 집중력이 떨어진 이유도 있었고, 제목과 글의 전체적인 의미 구조를 생각하지 않고 시각화하기 단계로 들어간 이유도 있었다. 그래서 다시 학생들이 놓치고 있는 부분을 안내하고, 공정여행의 의미까지 구체적으로 표현한 것을 골라 예시로 보여주었다. 그러나 예시 자료를 보여주면 글을 읽지 않고 모방할 수 있기 때문에, 제목의 의미나 놓치고 있는 문단을 확인하는 시간을 부여했다. 이러한 시행착오가 있었기에 의미 구조까지 시각화한 다음과 같은 결과물들이 탄생했다.

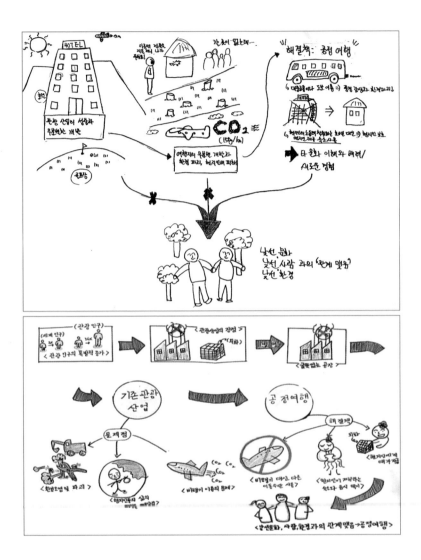

이것들은 종이의 공간과 화살표를 활용하여 문단과 문간 간의 의미 관계를 잘 표현했고, 기존의 정보를 통합하거나 재구성한 언어 표현도 눈에 띈다. 글로 요약할 때는 학생들이 기존의 글을 그대로 베끼는 경우가 많다. 그러나 비주얼씽킹으로 요약하는 것은 글의 의미를 시각언어로 변환하는 과정이기 때문에 자연스럽게 정보들을 통합하거나 재구성하여 핵심 어구를 적고 있었다.

아래 결과물은 의미 구조에도 이야기를 담아 표현하여 학생들에게 많은 박수를 받았다. 기존의 관광 산업과 공정여행을 의인화하여 표현했는데, 관광 산업으로 발생하는 문제를 기존의 관광 산업이 공격하는 것으로, 공정여행의 손이 이를 방어하는 것으로 표현했다. 글의 의미와 내용 간의 관계를 제대로 이해하지 못했다면 이렇게 표현할 수 없었을 것이다.

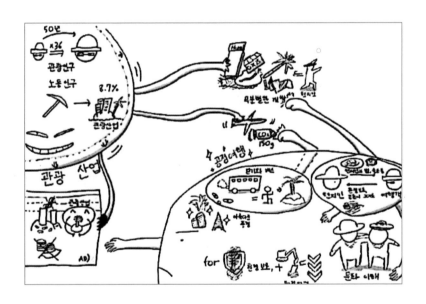

교과서 비문학 지문으로 비주얼씽킹 요약하기를 하고 나서 발표 영상을 찍어 패들렛에 올리게 했다. 이번 수업을 함께한 학생들은 이전의 학생들이나 고등학생들보다 요약하기 과정이 오래 걸려 발표 시간을 충분히 할애할 수 없었고, 발표하는 데 어려움을 겪는 학생의 비율

이 높았기 때문이다. 발표를 어려워하는 학생이 많을 경우, 모둠에서 대충 발표하고 끝낼 가능성이 높아 모둠 내에서 상호작용이 안 일어날 수 있다. 모둠 활동이 어느 정도 익숙한 학생들이라면 비주얼씽킹 요약하기 활동 이후 모둠 내에서 자신의 결과물을 설명하면서 글을 다시 이해하고 서로 질문하며 글 이해를 심화시킨다. 그러나 당시 코로나19로 인해 모둠 활동이 제한된 상황에서 수업이 이루어져 모둠 활동에서 상호작용이 활발하게 일어나지 않았고, 마스크 착용으로 인해서 서로 이야기 전달이 잘 되지 않았다. 모둠 내에서 발표 활동을 하는 이유는 글 이해를 심화시키기 위한 것이므로, 이를 위해 자신의 결과물을 손가락으로 짚어가면서 설명하는 영상을 찍어서 올리도록 했다.

비주얼씽킹으로 요약하기를 하면서 글 이해가 제대로 된 학생은 발표 영상을 올리는 데 시간이 많이 걸리지 않았다. 그러나 글 이해가 미흡한 학생들은 다시 글을 읽으면서 자신의 활동 결과물을 보완하고 나서 발표 영상 촬영을 마무리할 수 있었다. 이렇듯 발표 영상을 올리는 활동은 다시 한번 자신의 이해도를 점검하고 정보와 정보의 관계, 문단과 문단의 관계를 파악하는 기회를 제공한다는 것을 확인할 수 있었다.

발표를 영상으로 찍으면 우수한 학습자의 사례를 모든 학급에 소개할 수 있다는 장점도 있다. 우수한 학습자가 비주얼씽킹 요약하기 결과물을 손으로 짚어가면서 이것은 무엇을 표현한 것이고 어떠한 이유로 이렇게 표현했는지, 그리고 전체 구조는 왜 이렇게 표현했는지 발표하면 이러한 발표를 통해 학생들은 우수한 학습자들의 사고 과정을 배우는 계기가 된다.

학생들이 비주얼씽킹을 하는 과정을 보면 어떤 부분을 놓치고 있는지가 눈에 보인다. 학생들은 이해한 것만을 시각화할 수 있기 때문이다. 비주얼씽킹은 학생들의 사고도 시각화해 주는 셈이다. 따라서 교사는 학생들의 시각화된 사고를 보면서 글을 이해하는 과정과 요약하기 전략에 대해서 구체적으로 피드백을 주고 지도할 수 있다. 교실에는 잘하는 학생만 존재하는 것이 아니라 읽기를 어려워하는 학생도 있다. 글읽기를 어려워하는 학생들은 세부 내용에 집중하는 경우가 많고, 문단과 문단 간의 연결 관계를 파악하지 못하는 경우가 많다. 그리고 이러한 것이 비주얼씽킹 결과물에 그대로 드러난다.

아래 결과물을 보면 글의 의미 구조를 한눈에 파악하기 어렵고, 정보와 정보 간의 관계가 일관성을 유지하고 있지 않다. 또한 일부 중심 내용도 제시하지 않았고, 숫자 정보도 일부만 파악하고 있다. 비행기가

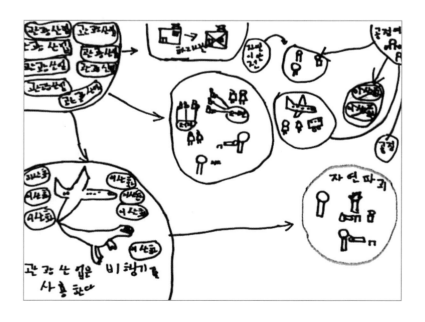

'이산화탄소를 생산하는 공룡'이라는 세부 내용이 다른 정보에 비해 크게 제시되어 있기도 하다.

이 결과물을 완성한 우진이와는 대화를 하면서 글을 제대로 이해하도록 유도했다. 먼저 우진이의 결과물을 손으로 가리키면서 어떤 내용을 표현한 것인지 묻고 의미를 제대로 이해하고 있는지 확인했다.

교사: 우진아, 여기 이 원에서 나가는 화살표 세 개는 무엇을 표현한 거야?
우진: (관광 산업을 가리키며) 제가 이건 좀 잘했죠? 이 화살표는 그래서, 관광 산업 때문에 생긴 문제들이에요. 그리고 이건 공정여행에 관련된 내용이고요.

이렇게 우진이의 답변을 들어보니, 생각보다 기본 내용을 어느 정도 파악하고 있었다. 그렇지만 가장 중요한 기존 관광 산업과 공정여행의 관계가 시각화되지 않았기 때문에 다음과 같이 관계를 생각할 수 있도록 질문을 했다.

교사: 우진아, 관광 산업의 문제들을 잘 표현했구나. 우와, 우진이 정말 열심히 잘했네. 그럼 공정여행은 왜 생기게 된 건지 알고 있어?
우진: 어, 그러니까…… 음…… 기존 관광 산업이 안 좋아서요.

우진이는 질문에 답변하면서 관광 산업과 공정여행의 고리를 생각하기 시작했다. 그러면서 원래의 계획을 말해주기도 했다.

우진: 사실은 가운데 접어서 이쪽은 관광 산업 내용을, 이쪽은 공정여행 내용을 적으려고 했는데, 이렇게 선을 넘었어요.

이렇게 우진이의 이야기를 들어보니, 내용을 크게 두 개로 구분해서 이해하고 있는 것은 다행이라고 생각했다.

교사: 좋아, 우진아. 그런데 가운데 선을 긋고 이쪽은 관광 산업, 다른 쪽은 공정여행을 표현하면 이 둘의 관계는 어떻게 표현하면 좋을까? 지금 우진이의 이야기대로면 관광 산업과 공정여행을 따로 표현한 것이거든.

우진이는 생각하더니 각각 '문제점', '해결 방안'이라고 제목을 쓰고 가운데에 화살표를 표시하겠다고 했다. 정보와 정보 간의 관계를 구체적으로 이해하게 된 것이다. 우진이의 답변을 들으면서 우진이의 성장을 속으로 기뻐할 때, 우진이는 이렇게 말을 덧붙였다. "그런데 다음부터 할게요!"라고. 순간 고민이 되었지만, 우선 우진이의 생각을 존중해 주었다. 처음보다는 글을 더 이해하게 되었으니 어느 정도 목표를 달성하기도 했고, 수정을 억지로 시켜서 활동을 싫어하게 되는 것보다는 낫다고 생각되었기 때문이다. 그래서 당장 수정은 안 해도 되지만, 발표 영상을 찍을 때는 수정하고 싶은 내용을 설명하라고 제안했다.

서훈이는 우진이보다 더 중심 내용을 파악하지 못한 학생이었다. 이런 경우는 중심 내용을 파악하는 것에 집중해서 피드백을 준다. 피드백 내용이 너무 많으면 학생에게 과부하가 걸리기 때문이다. 서훈이는 중심 내용을 거의 파악하지 못했기 때문에 교과서를 같이 보면서 밑줄 긋고 메모하기 활동을 함께했다. 피드백 이후 2차 결과물이 나왔는데, 다른 학생들보다 완성도가 낮았지만 조금씩 성장하고 있다는 것을 알 수 있었다.

1차 결과물   2차 결과물

2. 자기 주도적으로 신문 읽기

이후에 학생들이 사회문제를 발견하고 해결 방안을 탐구하여 발표하는 수업에 비주얼씽킹 요약하기 활동을 적용했다.

신문에서 자신이 해결하고 싶은 사회문제를 발견하려면 신문을 스스로 읽고 신문 기사를 이해하는 것이 필수적이기 때문이다. 이렇듯 프로젝트 수업이나 주제 탐구 수업에서 자신의 주제를 선정하기 위한 읽기 활동에 비주얼씽킹 활동을 적용하면 해당 주제에 대한 이해도를 높이는 데 도움을 준다.

먼저 비주얼씽킹 요약하기 활동의 과정을 떠올릴 수 있도록 몇 개의 예시 자료를 제시하여 평가해 보았다.

> 교사: 여러분, 이 작품을 보고 잘한 것, 아쉬운 것을 말해주세요. 그림 이
> 미지 표현보다는 핵심 내용을 잘 선정했는지, 정보와 정보 간의 관
> 계가 잘 표현되었는지 등을 말해주세요.

학생들은 표시되지 않은 핵심 내용이 무엇인지 확인하면서 비주얼
씽킹으로 요약하는 방법을 다시 생각했다. 그리고 비주얼씽킹으로 요
약하기를 할 때 무엇에 집중해야 하는지도 확인했다.

비주얼씽킹으로 요약하는 방법을 다시 정리하고 나서 신문 기사를
찾는 방법과 읽는 방법을 안내했다. 한국언론진흥재단의 '빅카인즈' 사
이트를 소개하고 신문 기사를 검색하는 과정을 시범으로 보여주었다.
그리고 표제, 부제, 본문 등 신문 기사의 형식을 설명해 주면서, 기사의
표제와 부제를 꼭 확인하도록 했다. 표제와 부제를 통해 신문 기사의

주제를 예상하고, 글의 전개 구조를 먼저 생각하고 기사를 읽으면 이해에 도움이 된다고 강조했다.

신문 읽기 활동은 온라인 프로그램인 'ALLO'에 올리도록 하여 학생들의 진행 상황을 점검했고, 개별적으로 피드백이 필요한 학생은 피드백을 주었다. 다음은 학생들이 신문을 읽고 비주얼씽킹으로 요약한 결과물들이다.

다섯 개의 신문 기사를 비주얼씽킹으로 요약한 다음, 자신이 관심 있는 사회문제가 무엇인지, 이것이 지속된다면 어떤 문제가 발생할지, 자신이 이 문제를 해결하고 싶은 이유가 무엇인지 등을 정리하게 했다. 그리고 면담, 설문, 인터뷰, 견학, 발췌독을 통해서 해결 방안을 탐구하도록 했고, 이 과정에서 학생들은 신문 자료를 더 활용하기도 했다.

도전적이고 어려운 문제를 설정하는 게 조금은 바뀐 부분이 아닌가 생각해 본다. 전에는 쉬운 것들을 해결하고 쉬고 싶어 했다면, 지금은 어려운 문제를 해결하는 데에 성취감을 느끼고 있다.

신문을 거의 읽지 않는 학생들이 신문 기사 다섯 개를 읽는 것은 쉽지 않았고, 그래서 그만큼 성취감을 느꼈던 활동이었던 것 같다. 많은 학생이 성취감을 느꼈다고 했고, 이후에 수업 시간에 달라진 태도를 보인 학생도 있었다. 이렇듯 몰입하면서 글을 온전히 자신의 힘으로 읽어가는 경험은 성장하는 데 큰 밑거름이 된다.

'비주얼씽킹으로 신문 기사 요약하기' 결과물

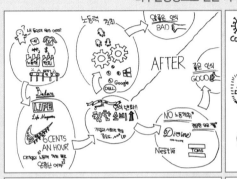

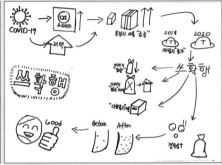

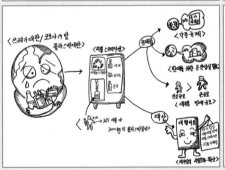

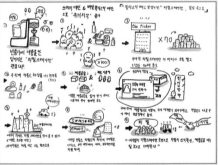

수업을 마치며 **비주얼씽킹 요약하기의 의미**

우수한 학습자들은 학습 내용에 대한 깊이 있는 이해, 기억, 학습 내용을 다른 상황에 활용하기 위해 요약한다고 한다(나일주·이지현, 2011). 이렇듯 요약하기는 학생들의 글 이해 전략으로서, 학습 방법으로서 중요한 의미를 지닌다. 게다가 우리 학생들이 살아가는 정보화 시대에, 정보를 제대로 이해하고 요약하는 능력은 필수적인 역량 가운데 하나다.

비주얼씽킹을 활용하여 시각적으로 요약을 하게 되면, 글의 구조와 주제 등을 먼저 파악하고 이를 통해 세부 내용을 이해하는 정교화 과정을 거친다. 작동기억에 저장되어 있는 시각화한 정보는 언어 정보에 비해 쉽게 비교, 대조, 조작, 통합, 추론될 수 있으며, 이를 통해 기억이나 이해를 돕는다고 한다(Koslyn, 1994). 따라서 비주얼씽킹 요약하기를 배우는 것은 글 이해를 돕는 것뿐만 아니라 자기주도학습 능력을 기르는 데에도 큰 역할을 한다.

비주얼씽킹 요약하기를 할 때, 학생들은 인지적으로 노력하는 과정을 힘들어한다. 이러한 과정이 있어야 자기주도학습 능력을 키우고 성장할 수 있지만, 학생들에게는 부담스러운 것이 사실이다. 그래서 늘 수업하기 전에 이렇게 강조했다.

> 교사: 글을 읽고 이해하는 과정은 쉬운 게 아니에요. 지금 힘들다면 제대로 하고 있는 거예요. 여러분, 힘들어요? 그러면 잘하고 있다고 스스로 칭찬해 주세요! 비주얼씽킹으로 요약하는 것은 힘든 과정이

에요. 안 힘들면 제대로 안 하고 있는 겁니다. 이렇게 힘든 것을 이겨내면서 실력이 성장하는 거예요.

이렇게 말하면 학생들의 태도도 조금은 바뀐다. 그리고 이러한 과정을 통해 결과물을 완성하면 학생 스스로도 자신을 자랑스럽게 생각한다. 그러면서 다음 활동에서는 더 집중하고 더 열심히 하는 모습을 보여준다.

비주얼씽킹 요약하기 활동을 한 학생들의 후기를 살펴보면, 학생들은 막연함과 혼란 그리고 어려움을 스스로 이겨내고 글을 제대로 읽고 이해하는 경험을 했다는 것을 확인할 수 있다. 이렇게 글을 제대로 읽고 이해하는 경험은 또다시 글을 읽게 만드는 힘이 될 것이다.

비주얼씽킹으로 글을 요약하는 과정에서 몇 번 더 글을 보게 되었고, 그림으로 표현하니 정리와 기억이 더 잘된다.

글에서 핵심 단어와 중심 문장에 밑줄을 치거나 동그라미를 치면서 읽었습니다. 또한 문장이 어떤 관계가 있는지 표현하면서 그렸습니다. 이렇게 하여 글을 좀 더 쉽게 이해할 수 있었습니다.

나만의 아이디어를 그림으로 표현하고 내용을 정리하다 보니 한눈에 들어오고 더 이해가 잘된 기분이 들었다.

오늘 비주얼씽킹으로 하면서 글을 좀 더 섬세하게 다시 읽고 중요한 문

장과 단어를 어떻게 구분해야 하는지 알 수 있어서 재미있었다.

처음 글을 읽을 때는 내용도 어렵고 이해가 안 되는 부분이 많았지만 한 번 읽고 난 후 비주얼씽킹을 통해서 쉽게 표현하고 또 내가 얼마나 글을 잘 이해했는가를 알게 되니 보람차고 재미있었다.

결과물에 나름 만족스러움을 느낀다. 하지만 핵심만 짚는다고 하긴 했는데 다른 사람이 보았을 때도 그런지는 잘 모르겠다. 공정여행에 대해서는 사실상 실천이 불가능한 것 아닌가 생각했었는데, 비주얼씽킹 활동 후 생각이 조금 바뀌었다. 중간중간 궁금한 점을 찾아보기도 하면서 활동해서 그런 것 같다.

처음에 글을 읽을 때는 잘 이해도 되지 않았고 '무슨 말이지?' 하며 읽었는데, 핵심어를 찾고 이렇게 비주얼씽킹으로 표현하며 뒤죽박죽이었던 머릿속을 정리하는 느낌이 들었다. 처음에는 갈피를 잡기 어려웠지만 하면 할수록 점점 더 감을 잡아가는 느낌을 받았다.

고등학생들에게 비주얼씽킹 요약하기를 가르칠 때보다 중학생들에게 가르칠 때 몇 배 더 어렵고 에너지가 들어가는 것 같다. 중학생들은 활동 단계를 더 촘촘하게 안내해야 하기 때문이다. 그럼에도 불구하고 중학생들과 이 수업을 꼭 하는 이유는 글을 찐하게 읽는 경험이 필요하기 때문이다.

생텍쥐페리가 이런 말을 했다. "당신이 배를 만들고 싶다면 사람들에게 나무를 가져오게 하고 일감을 나눠주되 일을 지시하지 마라. 그 대신에 그들에게 저 넓고 끝없는 바다에 대한 동경심을 키워줘라." 비주얼씽킹 요약하기 방법을 가르치는 것은 학생들에게 '바다에 대한 동경심'을 키워주는 일이라고 생각한다. 비주얼씽킹 수업을 통해 글을 몰입해서 읽는 경험, 온전히 자신의 힘으로 글을 이해하는 경험을 하고 나면, 학생들이 더 넓은 책의 세계로 나아갈 수 있을 것이라 믿는다.

설명하고 질문하는 읽기 수업

강이욱

수업 개요

"선생님, 비문학 수업을 어떻게 하면 좋을까요? 과학이나 경제 지문들은 너무 어렵고, 열심히 설명해도 애들이 안 들어요. 가르치는 나도 너무 재미가 없어요."

비문학 수업에 답답함을 느낀 동료 교사가 찾아와 넋두리를 한다. 나도 예전에는 이런 고민을 한 적이 있었기에 그 심정이 충분히 이해가 갔다. 그래서 그 선생님께 다음과 같이 말을 건넸다.

"선생님, 그러면 제가 하는 수업 한번 해보실래요? 선생님은 힘을 덜 들이면서 할 수 있는 좋은 방법이 있어요. 제 말대로 수업하면 자는 애들이 한 명도 안 생길 거예요."

그렇게나 좋은 방법이 있으면 진작 알려주지 그랬냐며 채근하는 선생님에게 대략적인 수업 방법을 설명해 주고, 다음 시간에 내 수업을 한번 참관하시라고 청했다. 그리고 일주일 뒤, 직접 이 수업을 해본 선생님은 만면에 화색을 띠고 다음과 같이 수업 후기를 전했다.

"와, 선생님! 이 수업 진짜 대박이네요. 선생님 말대로 자는 애들도 없고, 애들이 재미있어 하네요. 오늘 수업 끝나고 교실을 나서는데, 한 애가 '선생님, 오늘 수업 재밌었어요.'라고 말해줘서 뭉클했어요. 이런 애기 정말 오랜만에 들어보거든요."

이러한 감사 인사와 함께 훈훈한 수업 후기를 듣게 해준 그 수업은 '설명하며 읽기'와 '질문하며 읽기'다. 수업 개요는 다음과 같다.

단계	수업 내용	수업 방법	차시
준비	수업 안내 및 동기 부여		1차시
1단계	설명하며 읽기	짝 설명하기	2~3차시
		모둠 대표 가르치기	4차시
2단계	질문하며 읽기	질문하고 토의하기	5~8차시
		토의 결과 발표하기	
정리	수업 평가하고 소감 나누기		9차시

1차시에는 글을 잘 읽으려면 무엇이 필요한지, 평소 어떤 방법으로 훈련을 해야 하는지에 대해 자세히 안내한다. 학생들은 글을 읽은 뒤 교사의 설명을 듣고 문제를 푸는 수업 방식에 익숙해져 있으므로, 이와 다른 방법의 수업을 낯설어한다. 그래서 준비 단계에서 이 수업의 목적 과 효용에 대해 충분히 설명하는 것은 중요하다.

1단계는 '설명하며 읽기' 수업이다. 이 단계는 '짝 설명하기' 수업 과 '모둠 대표 가르치기' 수업으로 구성된다. 짝 설명하기는 모둠 대표 가르치기의 준비 과정이기도 하다.

2단계는 '질문하며 읽기' 수업이다. 설명하며 읽기는 사실적 이해 에 초점이 있고, 질문하며 읽기는 추론적 이해와 비판적 이해에 초점이 있다. 물론 질문하며 읽기에서도 사실적 이해는 중요하다. 7~8차시에는 5~6차시의 질문하며 읽기 수업을 반복하되 좀 더 심화된 수준의 글을 제시했다.

9차시는 배운 것을 돌아보고 앞으로의 공부 방향을 돌아보는 시간이다. 9차시를 따로 마련해서 진행해도 되고, 각 단계의 마지막에 소감을 나누는 방식으로 진행해도 된다. 어쨌든 글을 잘 읽게 되려면 8시간의 수업만으로는 턱없이 부족하다. 8차시에 걸쳐 읽고 생각하고 소통하는 것을 연습했으므로, 이후 학생들 스스로 이를 계속 반복하고 연습하는 것이 필요하다. 정리 시간은 이러한 마음을 심어주기 위한 것이다.

이러한 차시와 단계는 하나의 예시 모델일 뿐이다. 교과목의 성격이나 학교의 상황에 따라 6차시 정도로 줄여서 진행할 수도 있고, 반대로 한 학기 동안 확장하여 수업할 수도 있다.

준비 설명하고 질문하며 읽기를 왜, 어떻게 할까?

낯선 수업 전 동기 부여는 중요하다. 그래서 학생들에게 2013년에 발표된 〈종단 연구를 통해 본 사교육의 장기적 효과〉라는 한국교육개발원의 연구 결과를 소개했다. 이는 2005년부터 2012년까지 8년 동안 전국 150개 학교에서 6,908명을 표본으로 한 대규모 연구다. 이 연구 결과에 의하면 국어 사교육은 성적과 상관관계가 전혀 없다. '사교육의 시간과 비용 모두 국어 성적 향상과 관계가 없고, 오직 주당 독서 시간만이 국어 성적과 뚜렷한 상관관계를 보였다.'라는 것이 이 보고서의 결론이다.

> 교사: 왜 사교육이 국어 성적 향상에 효과가 없었을까요? 이는 학원 강사의 해설 위주 수업, 문제 풀이식 수업이 별로 효과가 없었다는 의미예요. 축구 해설을 많이 듣는다고 해서 건강해지지 않는 것처럼, 다른 사람의 지문 해설을 많이 듣는다고 문해력이 향상되지는 않아요.

학생들에게 이런 얘기와 함께 수업 시간에 문제 풀이를 하지 않을 것임을 설명했다. 왜냐하면 실제로 문제 풀이 수업은 학생들에게 별 도움이 되지 않기 때문이다. 문제 풀이를 하면 정답을 맞힌 학생은 교사의 설명을 들을 필요가 없다고 생각해 지루해하고, 답을 틀린 학생에게는 스스로 생각해 볼 기회를 빼앗게 된다. 공부는 스스로 왜 답이 그것인가를 곰곰이 고민할 때 이뤄진다. 정답을 맞히지 못했다면 문제집 맨

뒤의 해설을 읽어보고 스스로 생각해 봐야 한다. 그래서 문제 풀이는 혼자서 할 때 훨씬 효과적이다.

그리고 학생들에게 다른 사람의 설명을 듣는 공부 방법이 비효율적임을 알려주는 영상들을 활용했다. 이때 EBS〈왜 우리는 대학에 가는가: 말문을 터라〉편은 유익하다. 이 다큐멘터리는 말하는 공부가 왜 효과적인지를 구체적으로 보여주기 때문이다.

> 교사: 같은 내용을 '조용한 공부방'과 '말하는 공부방' 이렇게 두 그룹으로 나누어서 공부할 시간을 똑같이 주었어요. '조용한 공부방'은 혼자서 공부하고, '말하는 공부방'에서는 두 사람이 짝지어 서로에게 설명해 주는 방법으로 공부를 한 거지요. 나중에 같은 시험을 봤는데 모든 영역에서 '말하는 공부방'이 성적이 높게 나왔어요. 결국 말하는 공부, 설명하는 공부가 훨씬 효율적이라는 얘기지요.

아마도 우리 학생들이 학교에서 교사들에게 가장 자주 듣는 말은 "떠들지 마라.""조용히 해." 같은 말들일 것이다. 이는 교사가 설명하는 동안 떠들지 말고 집중하라는 의미다. 하지만 다른 사람의 말을 듣는 동안에는 생각이 사꾸 딴 데로 가기가 쉽다. 하지만 자신이 말할 때는 그 생각에 집중하게 된다. 결국 듣는 공부가 수동적이고 집중력이 약해지는 공부라면, 말하는 공부는 능동적이고 집중하게 만드는 공부다.

> 교사: 우리는 보통 수업을 '듣는다'라고 표현하죠. 여러분들은 "학원 수업 들으러 가요." 같은 표현을 많이 쓰잖아요? 그런데 미국의 행

평균 기억률 (Average Retention Rates)

수동적 학습 방법
(Passive Teaching Method)

5%   수업 듣기(Lecture)

10%   읽기(Reading)

20%   듣고 보기(Audio-Visual)

30%   시연하기(Demonstration)

참여적 학습 방법
(Participatory
Teaching Method)

50%   집단토의(Group Discussion)

75%   연습(Practice)

90%   가르치기(Teaching Others)

Adapted from National Training Laboratories, Bethel, Maine

동과학 연구기관인 NTL의 연구에 따르면 강의를 듣기만 할 때는
학습 효율이 불과 5%밖에 안 된다고 합니다. 보통 학교에서만 일
주일에 30시간 정도 수업을 듣는데, 그때 주로 듣는 공부를 하면
30시간 중에서 겨우 1시간 반 정도만 기억이 난다는 거죠.
반면 서로 설명하면서 공부하면 90% 정도의 학습 효과가 있다고
합니다. 같은 시간 동안 공부하더라도 어떻게 공부하느냐에 따라
무려 18배 정도 학습 효율의 차이가 있는 겁니다.

이 외에도 직접 설명하는 방식으로 공부하는 학생의 사례를 보여
주면 좋겠다고 생각했다. 그래서 EBS 〈학교란 무엇인가: 0.1%의 비밀〉
에서 설명하는 공부의 효용을 보여주는 장면을 편집하여 학생들에게
보여주었다.
이 다큐멘터리는 학력평가에서 상위 0.1% 이내의 석차에 속한 학

생들을 찾아가 어떻게 공부하고 있는지를 보여주는 내용이다. 한 학생
은 방에 큰 칠판을 붙여두고 엄마에게 공부한 내용을 설명하는데, 본인
은 이 방법이 시험을 잘 보는 데에 큰 도움이 되었다고 말한다. 학생들
에게 이런 사례들을 보여주면서 앞으로 우리도 이런 식으로 공부할 것
이라고 안내했다. 이러한 과정을 거치면 학생들에게 왜 '설명하는 공
부'가 필요한지에 대해 어느 정도 공감대를 형성할 수 있다.

첫 시간을 마무리하면서 학생들에게 한석봉 이야기를 소재로 한
만화를 하나 보여주었다. 한석봉이 글씨 공부를 하고 돌아와, 어머니가
불을 끈 채 떡을 썰고 한석봉은 글씨를 쓰는 것까지는 우리가 익히 아
는 한석봉 이야기와 같다. 다만 이 만화의 맨 마지막 컷은 한석봉이 과
거 시험을 보러 갔더니 수학 시험 문제가 나와서 파랗게 질린 한석봉의
뒷모습을 보여주는 것으로 끝난다.

교사: 여러분은 그동안 국어 공부에 많은 시간을 들여왔을 거예요. 따로 학원을 다니지 않았더라도 그동안 학교에서 배운 국어 시간만 해도 상당하니까요. 하지만 국어 공부는 지식을 암기하는 공부가 아니라 문해력이나 독해력이라고 불리는 역량을 키워야 하는 공부입니다. 수능 시험도 지식이 아닌 역량을 재는 시험이지요.

그런데 다른 사람의 설명을 듣는 공부는 지식을 이해하고 외우는 데에 필요한 공부예요. 역량을 키우려면 여러분이 스스로 많이 읽고, 많이 생각하고, 많이 말해야 합니다. 수리 능력을 재는 시험을 잘 보기 위해서 글씨 쓰기 연습을 하면 도움이 안 됩니다. 마찬가지로, 역량을 재는 시험을 잘 보려면 역량을 키울 수 있는 공부를 해야 합니다. 우리는 다음 시간부터 그러한 역량을 키우는 데 효율적인 공부를 할 겁니다.

1-1단계 설명하며 읽기 - 짝 설명하기

1. 수업 글감 준비

'짝 설명하기'는 두 학생 A와 B가 서로 짝이 되어 자신이 읽은 글의 내용을 짝에게 설명해 주는 수업 방법이다. '짝 설명하기' 수업을 하려면 두 종류의 글감이 필요하고, 이것을 양면 인쇄하여 배부했다.

처음에는 똑같은 글을 두 사람이 읽도록 해보았는데, 이렇게 했더니 설명하는 학생과 듣는 학생 모두 긴장감 없이 설명을 대충 하거나 듣는 경우가 많았다. 그래서 글감 두 개를 준비해서, A가 읽은 글의 내용을 B는 알지 못하게 했다. 이렇게 바꾸니까 학생들이 자기가 읽은 글의 내용을 짝이 잘 이해할 수 있게 설명하려고 더 노력하게 되었다.

분량은 한 쪽에 실을 수 있는 너무 길지 않은 글이 설명하기에 적당하다. 그리고 다단 편집을 활용하여 오른쪽에는 여백을 만들고, 여기에 문단별 핵심 내용을 요약하면서 읽게끔 했다.

학생들이 능동적으로 '짝 설명하기' 활동에 참여하게 하려면 글감 선정이 중요하다. 특히 첫 시간은 쉽고 흥미를 끌 만한 글로 시작하는 것이 좋다.

학생들은 비문학 공부를 하면서 인문, 사회, 과학, 기술, 예술 등 다양한 분야의 글을 읽게 된다. 그런데 이러한 공부를 통해서 교양이 풍부한 사람이 되기는커녕, 며칠 지나지 않아 자기가 무엇을 읽었는지도 잘 기억하지 못한다. 왜 그럴까?

이계삼 선생님이 쓰신 《삶을 위한 국어교육》(교육공동체벗, 2013)에는 그러한 현실을 뼈아프게 지적하고 있는 부분이 있다.

교사 초년 시절, 내가 큰 충격을 받았던 일은 수능이 끝난 뒤 학교 안으로 커다란 트럭이 들어오고, 아이들이 그동안 수험 시절에 썼던 책들을 모두 내다 버리는 장면이었다. 아니, 결국 내다 버리기 위해, 수능 성적표 한 장과 바꾸기 위해 아이들은 저 많은 책들을 사서 밤낮없이 공부를 하고, 선생들은 목이 터져라 수업을 했단 말인가.

교과서나 수능, 학력평가 등에 나왔던 글을 읽으면서 많은 학생들이 글에 집중하지 못하고 졸거나 딴생각을 한다. 적극적으로 글의 내용을 잘 이해해 보고자 하는 동기도 거의 없다. 왜냐하면 대다수 학생들에게는 그 글들이 재미도 없고 의미도 없으며 지나치게 어렵기 때문이다.

이 문제는 특히 문학보다는 비문학 글을 읽을 때 더 심각해진다. 왜냐하면 좋은 시나 소설은 읽을 때 재미나 즐거움을 느끼게 해준다. 그러나 비문학 글은 대부분 실용적인 목적을 위해서 찾아 읽는 글이다. 예를 들어 재테크에 관심이 있는 사람은 주식 투자와 관련된 책이나 경제 기사를 찾아 읽지만, 그렇지 않은 사람은 굳이 그러한 글을 읽지 않는다.

결국 실용적이지도 않고 독자의 삶과도 무관한 글을 제시하면서 학생들이 그 글을 열심히 읽기를 바란다면 그것은 사실 처음부터 무리한 요구인 셈이다. 그래서 대다수 학생들은 'N형 반도체와 P형 반도체'에 대해 설명하고 있는 글을 억지로 읽고, 문제를 풀면서 꾸벅꾸벅 졸고, 문제집을 덮고 나면 글의 내용을 모두 잊어버린다. 그것은 'N/P형 반도체'가 실제로 그들의 삶에서 아무런 의미를 갖지 못했기 때문이다.

그렇기에 학생들의 삶과 맞닿아 있고 학생들의 관심과 수준에 맞는 글을 제시하는 것은 중요하다. 그래서 다음과 같은 세 가지 기준에 부합하는 글감을 찾기 위해 노력했다.

첫째, 학생들 다수가 스스로 70% 이상 이해할 수 있는 글

둘째, 읽으면서 생각을 많이 하게 만드는 글

셋째, 학생들의 삶과 맞닿아 있는 글

이런 기준에 부합하는 글을 찾다 보니, 과학 상식이나 사회 상식 등으로 불릴 만한 것이 많았다. 처음에는 이런 글을 찾기가 쉽지 않았지만, 수업에 쓸 만한 좋은 글을 찾아야겠다고 생각한 뒤부터는 그런 글들이 눈에 많이 띄었다. 책이나 신문, 잡지에서 예전 같으면 읽고 난 뒤 무심코 지나쳤을 글을 갈무리해 두는 일이 잦아졌다. 학력평가 지문이나 EBS 교재에 실린 글 중에서도 쓸 만한 글을 종종 찾을 수 있었다.

학력평가나 EBS 교재에서 찾은 지문 예시

· 비가 올 때 뛰는 것이 나을까, 걷는 것이 나을까? (2013년 고1 학력평가)
· 3D TV의 원리 (2011년 EBS 수능특강)
· 휴대용 손난로의 원리 (2011년 고2 학력평가)
· 미세먼지 농도 측정법 (2014년 고3 학력평가)
· 남녀 간의 성차에 대한 편견 (2006년 고3 학력평가)

2. 활동 전 안내 사항

학생들에게 글을 읽히고 활동을 하기 전에, 성공적인 수업을 위해 학생들에게 미리 일러두어야 할 것들이 있다.

글을 읽을 때
① 한 문단씩 요약해 가면서 읽기
② 정확하게 의미 파악이 안 되는 문장에 형광펜으로 표시하기

글을 설명할 때
① 글을 보지 않고 설명하기
② 글의 내용을 100%에 가깝게 설명하기
③ 짝의 얼굴을 보면서 설명하고 듣기

교사: 이 시간에 글을 읽을 때는 '한 문단씩' 요약해 가면서 읽도록 합니다. 즉 글을 처음부터 끝까지 다 읽은 다음에 한 번에 다 요약하지 말고, 한 문단 읽고 요약하는 것을 반복하면서 읽어야 해요. 그래야 손을 자주 움직이니까 글을 읽는 동안 잠도 덜 오고, 글에 더 집중할 수 있어요. 앞 문단의 내용을 머릿속에 정리하고 기억한 뒤에 다음 문단으로 넘어가는 훈련입니다. 요약할 때는 최대한 핵심어들을 중심으로 간단하게만 쓰면 됩니다.

학생들이 한 문단씩 요약해 가면서 글을 읽으면 교사에게도 유리한 점이 있다. 그것은 학생들의 읽기 과정과 속도를 관찰할 수 있다는

점이다. 교사가 글을 읽지 않고 딴생각을 하고 있는 학생을 가려내기란 어렵다. 하지만 한 문단씩 요약해 가면서 글을 읽도록 시키면 딴생각을 하고 있는 학생을 파악하기 쉽다. 읽기 시작한 지 2분 정도 지났는데도 첫 번째 문단 옆에 아무것도 요약되어 있지 않다면, 그 학생은 딴생각에 빠져 있다고 판단할 수 있기 때문이다. 그래서 이런 학생들에게 조금 더 집중해서 빨리 읽으라고 독려할 수 있다.

그리고 읽으면서 이해가 정확하게 되지 않는 문장에 형광펜으로 줄을 긋게 한다. 간단한 방법이지만 이것을 실행하는 것만으로도 무엇을 이해하고 무엇을 이해하지 못하는지를 점검하면서 읽는 데에 크게 도움이 된다. 메타인지가 작동하게 되는 것이다.

글을 읽기 전에, 글을 보지 않고 설명해야 함을 미리 알려준다. 물론 보지 않고 설명하는 것은 어렵다. 하지만 글을 보는 것을 허용하면 학생들은 자기 언어로 설명하지 않고, 짝에게 그냥 글을 발췌해서 읽어 주는 빈도가 훨씬 늘어나 학습 효율이 많이 떨어지게 된다. 다만 문해력이 부족한 학생들이 많은 교실에서라면 자신이 요약한 내용만 보는 것을 허용할 수도 있겠지만, 가급적 보지 않도록 지시하고 수업해 보는 것을 더 권장한다.

그리고 글을 어떻게 설명해야 하는지에 대해서도 안내해야 한다. 그렇지 않으면 학생들은 글의 주제만 한두 문장으로 간추려서 설명하고 자신은 설명을 다 했다고 말하기도 한다. 하지만 이렇게 하면 설명하는 공부의 효과가 거의 없다.

교사: 짝에게 설명할 때는 글의 내용을 최대한 100%에 가깝게 설명해야

해요. 글을 읽지 않은 내 짝이 내 설명을 듣는 것만으로 마치 글을 읽은 것과 비슷한 정도로 이해할 수 있어야 한다는 거죠. 그러려면 글에 나타난 개념이나 예시 같은 세부 정보를 기억하면서 읽고 설명해 줘야 해요. 글의 중요한 정보를 기억하고 글에 제시된 새로운 개념을 이해하면서 읽는 독자가 고급 독자입니다.

짝에게 글의 내용을 100%에 가깝게 설명하려면 중요한 세부 내용들을 기억해야 한다. 굳이 그렇게 해야 할까 반문할 수도 있겠지만, 실제로 문해력에서 기억력은 상당히 중요한 요소다. 보통 문해력을 구성하는 요소로 어휘력, 추론 능력, 메타인지 능력 등을 꼽지만, 기억력도 이들 못지않게 중요하다.

실제로 난독증 아이들은 추상적인 정보를 기억하는 것을 매우 어려워한다. 난독증 아이를 가르치는 부모들은 아이가 방금 얘기해 준 정보나 개념을 기억하지 못하고 바위에 잉크를 뿌린 듯 금방 증발되어 버리는 상황에 힘들어하는 경우가 많다. 또 문해력이 부족한 학생들은 길이가 긴 장편소설을 읽기 힘들어하는데, 그 이유는 여러 명의 등장인물과 앞에서 일어난 사건들을 기억하지 못하기 때문이다.

결국 글을 제대로 이해하기 위해서는 중요한 정보를 기억해 가며 읽어야 한다. 앞 문단에 등장한 여러 가지 새로운 정보를 기억하지 못한 채 뒤 문단으로 넘어가는 습관을 가진 학생은 글을 잘 이해할 수 없다. 특히 고등학교에서 다루는 수능 비문학 지문들은 짧은 글 속에 많은 개념과 정보를 포함하고 있다. 이런 글을 이해하기 위해서도 세부 정보를 기억하며 글을 읽는 습관을 기르는 것은 중요하다.

학생들이 서로 설명하고 들을 때 상대의 얼굴을 바라보게 하는 것
도 중요하다. 이를 미리 강조하지 않으면 시선을 다른 곳에 둔 채 설명
하고 듣는 학생들이 많아지는데, 이러면 활동의 효과가 많이 떨어진다.
시선 처리를 강조해도 부끄러워하며 잘 못하는 학생들이 많았기에, 첫
시간에는 다음과 같이 좀 장황하게 설명했다.

교사: 여러분, 설명하고 들을 때는 서로 상대의 얼굴을 보면서 해야 해
　　요. 선생님이 옛날에 EBS〈60분 부모〉라는 육아 프로그램을 본 적
　　이 있어요. 거기에 출연한 여자 연예인이 자신은 평소에 일 때문에
　　바빠서 시간을 많이 못 내니까, 아이와 함께 있을 때는 아이에게만
　　100% 집중하려고 노력한다고 하더군요. 그래서 진행자가 아이에
　　게 100% 집중하는 건 어떤 거냐고 물었어요. 그분이 뭐라고 대답
　　했냐 하면, "제가 거실에서 TV를 보고 있거나, 부엌에서 식사 준비
　　를 하고 있거나, 침실에서 누워서 쉬고 있을 때, 아이가 자기 방에
　　서 '엄마!' 하고 부르면 즉시 하던 일을 멈추고 아이 방으로 달려
　　가서 아이의 눈을 보면서 대화해요."라고 하더군요. 그 얘기를 듣
　　고 선생님도 스스로를 반성했어요. 생각해 보니 제가 교무실에서
　　업무를 보면서 학생들과 대화했던 적이 있더라고요. 사람과 사람
　　이 대화할 때는 서로 얼굴을 보면서 하는 것이 기본적인 예의인데,
　　제가 그것을 지키지 못한 적이 있었어요. 저도 이제는 반성하고 그
　　러지 않으려고 하니, 여러분도 짝과 설명하기를 할 때는 반드시 서
　　로 얼굴을 보면서 해야 합니다.

이와 함께 다음과 같은 한 가지 유명한 이야기를 덧붙이기도 한다. 1968년에 개봉한 고전 영화 〈로미오와 줄리엣〉의 주연 여배우 올리비아 핫세는 비교적 평범한(?) 남자와 결혼했다고 알려져 있다. 올리비아 핫세가 결혼 후 미국 텔레비전 토크쇼에 출현했을 때 토크쇼 진행자가 그녀에게 결혼을 결심하게 된 이유를 물었다. 그러자 그녀는 자신의 손으로 진행자의 눈을 가리면서 "제 눈동자 색깔을 맞혀보세요."라고 말했다. 당황한 진행자가 답을 틀리게 말하자, 그녀는 손을 내리며 "제 남편은 저의 눈동자 색깔을 맞힌 최초의 남자였어요."라고 말했다고 한다. 이러한 이야기의 말미에, "이 이야기의 교훈은 상대방의 눈을 보며 말하는 습관이 있는 사람은 미인을 얻을 수 있다는 거야."라고 말하면 학생들은 키득댄다. 하지만 이를 마냥 우스갯소리로만 치부할 것은 아니다. 대화할 때 상대의 눈을 바라보지 못하고 시선을 피하는 학생들이 상당히 많은데, 이는 꾸준한 훈련으로 개선할 수 있다.

3. 수업 과정

위와 같은 주의 사항을 안내하고 나면 '짝 설명하기' 활동을 시작할 수 있다. '짝 설명하기' 수업 과정은 다음과 같다.

'짝 설명하기' 수업 과정
① 읽기 (10분)
② 설명하기 (3분)

③ 교사의 확인 질문 (3~5분)

④ 가르치기 (3분)

⑤ 교사의 설명 (1~3분)

⑥ 글 다시 읽기 (1분 30초)

⑦ 역할 바꿔서 ②~⑤의 과정 반복

우선 학생들에게 다음과 같은 글감을 제시한다. (물론 실제 수업에서는 두 사람이 각각 읽을 두 개의 글감이 필요하지만, 여기에서는 지면상 하나의 글감만 수록한다.)

학생들의 언어적 역량을 키우기 위해서는 뭘 해야 할까요? 이 비밀의 열쇠를 풀기 위해 미국의 수능시험인 SAT를 들여다보겠습니다. 왜 미국 대학입시 얘기를 하냐고요? 우리나라 수능이 바로 SAT를 수입해서 만든 것이거든요. 특히 수능 국어는 문제 유형이 거의 똑같습니다. SAT의 수능 국어(필수과목인 비문학과 선택과목인 문학)를 보면, 난생처음 보는 지문을 보여준 뒤 학생들의 독해력이나 추론 능력 등을 평가하기 위해 이런저런 질문을 던지는 문항이 많습니다. 한국 수능과 마찬가지로 모두 '5지선다형'이고요. 평가 문항이 같다는 건 의미심장한 얘기입니다. 미국이나 한국이나 동일한 목표를 제시한다는 거죠. '언어적 역량을 키워라!'라는 것입니다. 그리고 시험을 통해 그 역량의 일부를 테스트해 보겠다는 겁니다. 자, 그러면 미국 학생들은 언어적 역량을 키우기 위해 뭘 할까요?

　한국의 전체 공부 시간은 미국보다 훨씬 깁니다. 분야별로 좀 자세히 들여다보면, 정규 수업 시간도 훨씬 더 길고, 보충수업도 길고, 학원에서 보내는 시간도 훨씬 길어요. 그런데 한국이 미국보다 짧은 게 있죠. 바로 숙제하는 데 걸리는 시간입니다. 미국은 거의 우리의 두 배쯤 됩니다. 미국에서 고등학교 다니는 지인이 있으면 한번 물어보세요. 미국의 고등학교쯤 되면 숙제의 수준과 분량이 만만치 않습니다. 그런데 그 숙제가 대부분 뭐냐면, 읽기와 쓰기입니다. 무엇을 읽어 와라, 그리고 무엇에 대해 에세이를 써 와라, 이런 식이죠.

　우리나라에서 임진왜란에 대한 수업을 하는 경우를 생각해 보죠. 학생들은 그냥 교과서만 달달 외우면 된다고 생각합니다. 시험 문제는 거기서 나오니까요. 그런데 미국에서는 안 그렇습니다. 예를 들면 《난중일기》를 읽어 와라, 또는 《난중일기》를 읽고 에세이를 써 와라, 이런 숙제를 냅니다. 그리고 수업 시간에는 읽어 오거나 써 온 것을 바탕으로 토론을 하거나 발표를 하는 등의 방식, 즉 '주입식 수업'의 반대인 '참여형 수업'이 이뤄지지요. 미국에서는 그런 참여형 수업을 위한 읽기와 쓰기 숙제를 많이 냅니다. 국어 시간뿐만이 아니라 다른 과목들도 정도의 차이는 있지만 마찬가지고요. 그러니까 한국과 미국의 학교 교육이 가진 핵심적인 차이는 숙제 분량에 있는 게 아니라 수업의 방식에 있는 것이죠. 반면 우리나라에선 교육과정이란 '교과서 진도 나가는 것'이라고 생각해요. 그런데 교과서 분량이

라는 게 얼마나 알량합니까? 그거 읽어서 대체 언어적 역량의 기본
기를 익힐 수 있을까요? 절대로 불가능하거든요. 그런데도 학교에서
는 그저 교과서 진도만 나갈 뿐이죠. 교사가 학생들에게 책을 읽고
토론을 해보자고 하면, 학생들이 어떤 반응을 보일까요? "선생님, 진
도나 나가요." 이런단 말이죠. 교과서 이외의 내용은 진도가 아닌 거
예요. 거기서는 시험 문제가 안 나오니까요.

한마디로 요약해 보죠. 우리나라 대학입시는 미국식으로 만들
어놓았는데 교육과정은 일본식입니다. 대학입시와 교육과정이 서로
잘 안 맞는 겁니다. SAT 수능 국어는 '언어적 역량'을 키우라는 목표
를 제시하고, 이를 위해 미국 교육과정에선 다양한 과목에 걸쳐 다양
한 글을 접하게 하면서 의미를 따져보고 토론하고 글도 써보는 훈련
을 시켜요. 꼭 미국만 그런 게 아니라, 서구 선진국의 학교에서는 일
상적으로 그런 방식의 교육이 이뤄집니다. 그런데 한국에선 그 알량
한 교과서 진도를 나간 뒤에 문제집을 푼단 말이죠.

이게 바로 '물고기를 먹여주는 교육'과 '물고기 잡는 방법을 익
히도록 하는 교육'의 차이이기도 합니다. 미국의 명문고교를 졸업하
고 명문대학·대학원에서 역사를 전공한 한 미국인 교사는 한국의 여
러 외국어고등학교에서 역사를 가르친 경험을 이렇게 회고합니다.
"저는 미국 역사 전문가예요. 미국 역사는 간단해서 차분하게 토론식
수업으로 진행해도 쉽게 이해할 수 있어요. 그런데 모두가 SAT 시험
에 집중하지 않는다고 야단이었어요. 결국 성적으로 제 방식이 옳다

는 것을 입증했지만 매번 힘든 경험을 겪을 수밖에 없었어요(동아일보, 2011년 4월 27일자)." 미국 교육전문가가 미국 대학입시(SAT)를 준비하는 미국식 방법을 제대로 진행하려고 한 건데, 한국 학부모들은 왜 내용을 외우고 문제집 풀어주는 수업을 하지 않느냐고 따진 거죠. 참으로 대단한 신념(!)이에요.

물론 문제집을 푼다고 해서 언어적 역량이 전혀 안 커지는 건 아닙니다. 하지만 우리는 지금 '효율' 이야기를 하고 있잖아요? 한국식 공부법으로는, 언어적 역량을 키우는 과정의 효율이 떨어진다는 겁니다. 그리고 역설적이게도, 바로 그런 이유 때문에 독서 및 독서와 연관된 다양한 활동들이 우리나라에선 더욱 중요합니다. 학교의 일반적인 교육과정에서 언어적 역량을 키워주는 교육이 제대로 이뤄지지 못하고 있으니까요. 그러니 별도로 독서라도 많이 해서 기본기를 닦은 학생들이 상급 학년으로 올라갈수록 점차 유리해지는 겁니다. (이범, 《우리 교육 100문 100답》, 다산북스, 2013)

교사는 학생들이 글을 읽는 동안 교실을 순회하며 한 문단씩 요약해 가며 쓰는지, 딴생각에 빠져 있는 학생은 없는지를 관찰한다. 제시된 글이 학생들의 흥미와 수준에 잘 맞아떨어진다면 학생들이 밝은 표정으로 글을 읽고 설명할 준비를 하는 모습을 보게 될 것이다.

학생들이 10분 동안 글을 읽고 나면, 3분 동안 짝에게 글의 내용을 설명하게 한다.

교사: 자, 지금부터 첫 번째 글을 읽은 학생이 3분 동안 짝에게 글의 내용을 설명하겠습니다. 글은 모두 서랍 속에 넣어주세요. 두 번째 글을 읽은 학생은 잠시 자기가 읽은 글은 머릿속에서 내려놓고, 짝의 설명에 귀를 기울이세요. 짝의 설명이 다 끝나고 나면 선생님이 질문할 거예요. 그러니 집중해서 설명을 잘 들으세요. 서로 몸을 조금씩 돌려서 서로 얼굴을 마주 봐주세요. 다 됐나요? 그럼 시작하겠습니다.

교사의 안내가 끝나면 첫 번째 글을 읽은 학생들이 설명을 시작한다. 여러 명의 학생이 설명을 시작하면 금방 교실은 왁자지껄한 분위기로 변하지만, 학생들은 꽤 열성적으로 설명하고 또 귀를 쫑긋 세운다. 때로는 이런 광경을 보다 보면 마음이 벅차오를 때가 있다.

설명이 끝나면 얼마나 설명을 잘했는지 교사가 확인하는 질문을 하는데, 이때 질문은 설명을 듣는 역할을 한 학생에게 하는 것이 더 효과적이다. 주로 단답형이나 한두 단어로 대답할 수 있는 것을 묻는데, 그 질문의 예시는 다음과 같다.

한국의 수능과 비슷한 미국의 입시 제도는 무엇이죠?

_____

한국과 미국이 입시 제도가 비슷하다는 것은 두 나라의 교육 목표가 비슷하다는 뜻인데, 그 교육 목표는 무엇인가요?

_____

미국 학생들이 한국 학생보다 더 긴 공부 시간이 있는데, 무엇을 하는 시간일까요?

미국의 숙제는 보통 무엇을 하는 것인가요?

필자의 주장에 따르면 한국의 교육에서 가장 중요하게 생각하는 것은
무엇인가요?

한국은 입시 제도는 ○○식인데, 교육과정은 ○○식이라 입시 제도와
교육과정이 잘 안 맞습니다. ○○에 들어갈 말은 각각 무엇인가요?

한국은 수업 시간에 역량을 충분히 키워주지 못하고 있기 때문에 학년
이 올라갈수록 '이것'을 많이 한 학생이 훨씬 유리해진다고 필자는 주장
합니다. '이것'이 무엇인가요?

이런 식으로 글의 주요 내용들을 단답형으로 묻는다. 교사는 교실
을 돌아다니면서 설명 듣는 역할을 한 학생을 한 명씩 지목해 가면서
질문한다. 만약 지목된 학생이 정답을 말하지 못하면 빠르게 다음 학생
에게 다시 질문한다. 교사의 질문을 통해 학생들은 글의 주요 정보가
무엇인지 확인하고 점검할 수 있다.

그리고 교사가 교실 전체적으로 설명이 어느 정도 잘 이루어졌는
지 확인하려면 모든 학생에게 '손들기'를 시키면 효과적이다.

교사: 지금부터 선생님이 말하는 내용을 설명한 학생과 이 내용을 짝으

로부터 들은 기억이 나는 학생은 손을 들어주세요.

한국과 미국의 수업 방법의 차이를 설명하기 위해 '임진왜란'이나 '난중일기'를 언급했다면 손을 드세요!

(학생들이 얼마나 손을 드는지 확인한다.)

이제 손 내리세요. 한국에서 교과서 진도 나가기에 대한 신봉이 얼마나 극심한지를 보여주는 사례로 '외고에서 근무한 미국인 역사 교사' 얘기를 했거나 들었다면 손!

(학생들이 얼마나 손을 드는지 확인한다.)

학생들 대부분이 위와 같은 질문에 손을 든다면 예시까지 잘 들어가며 설명이 잘 이루어진 것으로 볼 수 있다. 만약 그렇지 못하다면 주장을 뒷받침할 수 있는 사례나 예시까지 구체적으로 설명해 줘야 함을 한 번 더 강조한다.

학생의 '설명하기' 단계와 교사의 '확인 질문' 단계가 끝난 뒤에는 '가르치기' 단계로 넘어간다. '가르치기' 단계는 설명을 듣는 역할을 한 학생이 설명 들은 내용을 다시 짝에게 말해보는 것으로 시작한다.

교사: 선생님이 지금 여러분들을 가르치면서 어떻게 하고 있죠? 학생에게 직접 설명해 보게 했지요? 이번에는 글을 읽은 사람이 교사가 되어 짝을 가르치는 겁니다. 그럼 어떻게 가르치면 될까요? 마찬가지로 짝에게 먼저 설명을 해보라고 하는 거예요.

그러니까 이번에는 설명 들은 학생이 그 내용을 짝에게 말해보겠습니다. 물론 고작 한 번 듣고서 그 내용을 다 설명하는 것은 어렵겠지요? 그래서 아까 설명했던 학생이 도와주어야 합니다. 핵심어를 말해주거나, 힌트를 제시하거나, 앞부분만 약간 설명을 해주고 말꼬리를 흐리거나 하는 방법 등으로 짝을 도와줄 수 있어요. 그리고 짝이 설명하는 내용에 누락되거나 틀린 내용이 있을 때는 알려줍니다. 그리고 짝이 설명하고 나면 그에 대해 보충 설명을 덧붙이면서 짝을 가르치는 거예요. 이번에는 가르치는 학생이 글을 봐도 됩니다.

학생들은 이 과정을 통해 짝의 이해도를 확인하고 자신의 설명에 대한 메타인지를 작동하게 된다.

이 과정이 끝나면 교사가 이 글에 대해 짧게 설명을 덧붙일 수 있다. 단, 꼭 필요하다고 생각되거나 강조하고 싶은 내용만 3분 이내로 짧게 설명하는 것이 좋다. 또는 글의 전체적인 구조를 간단히 설명하고 이해가 되지 않는 부분에 대해 질문을 받도록 한다.

여기까지가 첫 번째 글에 대한 '짝 설명하기' 활동이다. 그다음에는 역할을 바꿔서 두 번째 글로 '짝 설명하기' 활동을 하면 된다. 그런데 첫 번째 글로 활동하는 동안 시간이 많이 흘렀기 때문에, 두 번째 글을 읽은 학생들은 아까 본인이 읽은 글의 내용을 기억하기 힘든 문제가 생긴다. 그래서 1분 30초 동안 각자 자기 글을 한 번 더 읽도록 시간을 부여한다. 1분 30초 정도만 시간을 주는 이유는 부여 시간이 너무 길면 수업이 늘어지게 되고, 너무 짧으면 설명을 제대로 하기가 어렵기 때문이다.

학생들의 흥미나 수준에 맞는 글을 제시했을 때 학생들은 이 수업을 아주 즐거워한다. 교사의 설명만 듣는 수동적인 공부가 아니라 자신이 수업의 주인이 되어 주체적인 공부를 할 때의 즐거움을 느끼게 되기 때문이다. 물론 수업이 계속될수록 다소 어려운 글도 시도해 보아야 한다. 또한 한두 번의 수업으로 학생들의 문해력이 비약적으로 성장하기를 기대해서는 안 된다.

'짝 설명하기' 수업은 학생들에게 비문학 공부를 어떻게 해야 하는지 알려주는 수업이기도 하다. 정보를 담은 글을 읽는 국어 공부는 사회 공부, 과학 공부와 별반 다르지 않다. 그러나 그 교과 내용을 교사가 자세히 설명하게 되면 그 시간은 국어 시간이 아니라 사회 시간, 과학 시간이 되어버리고, 교사는 본의 아니게 사회 교사, 과학 교사 흉내를 내는 셈이 되어버리고 만다.

따라서 만약 글이 어렵고 그에 대한 좀 더 자세한 해설이 필요하다면 교사가 직접 설명해 주기보다는 글에 대한 설명을 글로 작성해서 학생들이 읽어보고 스스로 생각할 기회를 제공하는 것이 훨씬 효과적이다. 왜냐하면 학생들은 스스로 글을 읽고 생각하는 훈련을 계속해 나가야 하며, 이것만이 문해력을 향상시킬 수 있는 유일한 방법이기 때문이다.

4. 수업 후기

이 수업은 한번 방법을 익혀두면 두고두고 써먹을 수 있다. 다만 똑같은 형식의 수업이 반복되면 지루함을 느낄 수 있으므로 후술할 '모둠 대표 가르치기' 수업과 병행하는 것이 좋다.

이 수업은 정규 수업뿐만 아니라 방과후학교 수업을 할 때도 유용하다. 정규 수업으로 이미 지쳐 있는 교사는 방과후학교 때 쓸 체력이 많이 남아 있지 않고, 학생들도 7~8교시에는 집중력이 떨어질 수밖에 없으므로, '짝 설명하기'와 같이 학생 중심으로 활동하는 수업이 훨씬 효과적이기 때문이다.

이 수업은 '사실적 이해'를 중심으로 한 문해력 향상을 목표로 한다. 그러나 몇 번의 수업만으로 학생들의 문해력이 신장되기는 어렵다. 그래서 마지막 수업 시간에는 다음과 같이 이야기했다.

> **교사:** 선생님과의 이 수업은 여기서 마치지만, 여러분의 공부는 계속되어야 합니다. 수업 시간에 배운 방법대로 꾸준히 연습해 보길 바라요. 물론 친구와 함께한다면 더욱 좋겠지요?

그랬더니, 한번은 몇몇 학생이 나를 찾아와서 국어 시간에 배운 걸 바탕으로 자기들끼리 비문학 공부 자율동아리를 하고 싶다고 했다. 대견한 마음에 지도교사를 맡아주었는데, 졸업할 때 그 학생들이 찾아와 선생님 덕에 수능 언어영역 시험을 잘 봤다고 했다. 활짝 웃으며 인사하는 모습을 보며 내 마음도 덩달아 환해졌다.

1. 교사의 수업 후기

"선생님, 전에 저한테 말씀해 주셨던 '모둠 대표 가르치기' 수업을 해봤
는데, 진짜 애들이 재미있어 하네요. 애들이 다음 시간에 또 하자고 난리
예요. 이건 정말 마법 같은 수업이에요!"

이 수업을 해본 한 선생님이 실제로 내게 들려준 이야기다. 비단 이 선
생님뿐만 아니라 이 수업을 해본 많은 교사들이 한결같이 학생들의 반
응이 좋았고, 본인도 수업 내용과 효과에 만족한다는 이야기를 들려주
었다. 어떤 수업이기에 '마법 같은 수업'이라는 칭찬을 들은 걸까?

그간 나는 학부모 공개 수업이나 연구 수업과 같이 공개 수업을 해
야 하는데 어떤 수업을 해야 할지 고민하는 선생님께 이 수업을 해보시
라고 권한 적이 여러 번 있었다. 수업 준비 과정이 어렵지 않고, 교사가
수업을 진행하기도 편하며, 학생들의 활발한 참여가 이루어지고 학생
들의 호응이 좋기 때문이다.

'모둠 대표 가르치기'는 협동학습 모형 중 케이건의 텔레폰 모형을
활용한 것인데, '짝 설명하기'에 '퀴즈'를 결합한 수업 방법이다. 수업
방법은 복잡하지 않다. 모둠 대표를 정한 뒤, 모둠 대표를 제외한 나머
지 모둠원들끼리 글을 읽고 그 내용을 모둠 대표에게 설명해 준다. 그
리고 교사가 낸 문제를 모둠 대표들이 풀어서 가장 많은 답을 맞힌 모

196

둠이 승리하는 것이다.

이 수업은 방법이 간단한 편이지만 학생들의 반응은 뜨겁다. 학생들은 시험을 볼 때만큼 집중해서 글을 읽고, 서로 열정적으로 설명하고 듣는다. 퀴즈를 하는 동안에도 팽팽한 긴장감이 흐르고, 자신의 모둠 대표가 답을 맞히면 마치 자기가 답을 맞힌 양 기쁨의 탄성을 내지르는 광경을 보게 될 것이다.

2. 수업 과정

이 수업은 한 차시만으로 이루어지는 수업이다. 그래서 이 수업만 단독으로 진행해도 되지만, '짝 설명하기' 수업을 한 뒤라면 학생들이 '모둠 대표 가르치기'의 활동 방법을 훨씬 쉽게 이해하므로 '짝 설명하기' 수업을 먼저 실시한 뒤에 하는 것이 더 좋다.

이 수업을 하기 위해 수업 전에 교사가 미리 준비해야 할 것은 다섯 가지다. 수업 글감, 모둠 대표가 읽을거리, 이면지, 퀴즈 문제, 상품(사탕 등). 이 수업의 과정은 다음과 같다.

'모둠 대표 가르치기' 수업 과정
① 모둠 구성하고 대표 뽑기
② 글 읽기 (12분)
③ 모둠 대표 가르치기 (8분)
④ 모둠 대표 대항 퀴즈 (15분)

⑤ 퀴즈 결과로 시상하기

먼저 4명 내외로 모둠을 구성한다. 전체적으로 학생들의 문해력이 부족한 경우에는 5명이 좋고, 그렇지 않은 경우에는 3~4명 정도로 구성한다. 다만 전체 모둠의 수는 5~8개 정도가 되도록 모둠을 짜는 편이 좋다.

모둠은 학생들이 앉아 있는 자리대로 구성하는 것이 제일 간편하다. 만약 교실에 있는 학생들의 능력 차이가 꽤 큰 편이라면 '자리 바꾸기 프로그램' 등을 이용하여 즉석에서 무작위로 모둠 구성을 새로 하거나, 교사가 미리 모둠을 짜 와서 알려줄 수도 있다. 다만 이 수업은 퀴즈의 결과보다는 배움의 과정에 집중할 때 더 의미가 있으므로, 모둠원 능력치의 균질성에 지나치게 집착할 필요는 없다. 다만 수업 과정에서 너무 소외되는 모둠이 생기지 않을 정도면 충분하다.

모둠이 구성되면 가위바위보를 해서 모둠별로 모둠 대표를 한 명 뽑게 한다. 자발적으로 모둠 대표를 하겠다는 학생이 있다면 그 학생이 하면 된다.

모둠 대표가 정해지면 모둠 대표들은 각자 자기 의자를 들고 교실 앞으로 나온다. 교사는 미리 준비한 수업 글감을 모둠 대표들을 제외한 나머지 학생들에게만 배부하고, 모둠 대표들에게는 별도의 읽을거리를 나눠준다. 읽을거리로 단편소설집이나 유익한 만화책 등을 제공하면 학생들의 반응이 좋다. 이를 위해 교사는 전체 모둠의 숫자만큼 책이나 읽을거리를 준비해 가야 한다. 가령 전체 모둠의 수가 여섯 개라면 책도 여섯 권이 필요하다. 중간고사나 기말고사가 얼마 남지 않은 경우라면 각자 자습할 책을 갖고 앞으로 나오게 해도 괜찮다.

두 개의 수업 글감이 필요한 '짝 설명하기'와는 달리 '모둠 대표 가르치기' 수업의 글감은 한 종류만 있으면 된다. 글감은 교사가 판단하기에 적절한 양의 정보가 담겨 있는 글이 가장 좋다. 수업이 거듭된다면 조금씩 더 어려운 글을 제시해도 학생들은 기꺼이 도전할 것이다.

아래 글은 겨울철에 많이 사용하는 손난로, 소위 '핫팩'으로 불리고 있는 것의 원리를 설명한 것이다. 이 글은 학생들의 삶과 맞닿아 있는 소재를 다루고 있고, 글에 담겨 있는 정보의 양이 적절하며, 다수의 학생들이 스스로 읽고 70~80% 이상의 내용을 이해할 수 있기에 글감으로 적당하다.

비닐봉지에서 꺼내 흔들어주면 어느새 따뜻해지는 손난로(분말형). 그 안에서 일어나는 것은 철의 변화, 즉 녹이다. 철과 산소와 물이 화학반응을 일으켜 수산화제이철이 되는 과정에서 열이 발생한다. 이것이 바로 손난로가 따뜻해지는 원리다. 이와 같은 반응은 우리 주변 어디에서나 흔히 찾아볼 수 있다. 예를 들어 쇠못이나 철판이 녹이 스는 것도 마찬가지다. 하지만 우리는 이것들을 만졌을 때 뜨겁다고 느낀 적은 없다. 그렇다면 손난로 속의 녹과 우리 주변에서 볼 수 있는 녹은 무슨 차이가 있을까?

사실은 쇠못이나 철판이 녹이 슬 때도 열이 발생한다. 그러나 쇠못이나 철판에 녹이 슬 때는 아주 서서히 진행되기 때문에 열기가 느꺼지지 않는다. 이에 비해 손난로는 미세한 분말 상태의 철가루를 사용하여 녹이 스는 속도를 인위적으로 빠르게 했다. 그렇기 때문에 일반적으로는 느낄 수 없는 열을 느끼게 되는 것이다.

손난로 봉지에는 철가루, 활성탄, 톱밥, 버미큘라이트, 식염수가 들어 있다. 이 봉지는 부직포에 폴리에틸렌을 코팅한 것으로 표면에는 작은 구멍이 무수히 뚫려 있다. 우리가 손난로를 쓰는 데 있어 이러한 봉지가 매우 중요한 역할을 한다. 손난로는 용도에 따라 일정 시간, 일정 온도에서 지속적인 열을 발생시켜야 하기 때문에 철의 변화를 좌우하는 산소 공급량을 제어하는 게 가장 중요하다. 이 열쇠가 되는 것이 바로 손난로 봉지다.

손난로를 비닐에서 꺼내면 활성탄의 작용으로 산소가 봉지 구멍에 빨려 들어가 철가루의 산화를 촉진시킨다. 산소와 만난 철은 산화가 시작되고, 구멍의 크기나 수, 배치 등으로 산소의 공급량을 제어할 수 있다. 손난로 봉지 안에 들어 있는 알갱이를 꺼내 공기 중에 그대로 방치하면 철가루의 산화가 순간적으로 한꺼번에 일어나 온도가 90℃ 가까이나 된다. 이처럼 산소의 양이 충분하면 녹이 한꺼번에 생겨버린다. 그래서 녹이 한꺼번에 생기지 않도록 조절하는 것이 바로 작은 구멍이 뚫린 봉지인 것이다.

손난로 봉지에 나 있는 구멍만으로 손난로를 오랫동안 따뜻하게 유지할 수는 없다. 손난로에 열이 나는 것을 안정적으로 오랫동안 유지하는 데에는 산화를 촉진시키는 식염수 공급 방법도 관건이다.

손난로 안의 식염수는 톱밥과 버미큘라이트에 함유되어 있다. 버미큘라이트는 미세한 구멍이 무수히 많은 광물이다. 톱밥 표면에도 무수히 많은 구멍이 있다. 식염수는 버미큘라이트와 톱밥의 구멍에 각각 스며들어 있다. 식염수의 공급량을 조절하려고 이와 같은 두 종류의 보수제*를 사용하여 보수력의 차이를 두는 것이다.

손난로를 비닐봉지에서 꺼낸 직후에는 먼저 톱밥에서 식염수가 스며 나와 철가루의 산화를 촉진한다. 그리고 톱밥의 식염수가 거의 다 흘러나왔을 무렵, 이번에는 버미큘라이트에서 식염수가 흘러나온다. 다시 말해서 이 둘의 시간 차를 이용하여 식염수를 공급하기 때문에 일정한 시간 동안 따뜻함을 유지할 수 있다.

– 2011년 3월 고2 학력평가 지문

*보수제: 수분을 보호하는 물질.

위와 같은 글감을 모둠 대표를 제외한 나머지 모둠원들에게 배부하고 다음과 같이 설명한다.

교사: 여러분들은 지금부터 선생님이 나눠준 글을 읽은 뒤 모둠 대표들이 나중에 자리로 돌아오면 힘을 합쳐서 자기 모둠 대표에게 글의 내용을 설명해 주어야 합니다. 즉 모둠 대표는 여러분들이 하는 설명만 듣고서 마치 이 글을 읽은 것처럼 그 내용을 이해할 수 있어야 합니다. 그러고 나면 모둠 대표들만 선생님이 내는 문제를 풀게 됩니다. 문제를 풀어서 점수를 가장 많이 획득한 모둠이 이기는 것이고

요. 1등부터 3등 모둠까지는 한 사람당 초콜릿을 세 개씩 상으로 주겠습니다. 4등부터 6등까지는 초콜릿을 하나씩 받게 됩니다.

그런데 '짝 설명하기'를 할 때와 마찬가지로 모둠 대표에게 설명할 때는 글을 볼 수 없습니다. 글은 전부 서랍 속에 넣어두게 할 겁니다. 그러니 나중에 설명을 잘하기 위해서는 글의 주요 정보들을 잘 기억해야 합니다.

문단별로 요약하면서 읽되, 다 읽고 나면 모둠원끼리 글에 대해 의논해도 좋습니다. 이해가 잘 안 되는 부분이 있다면 서로 물어보고 가르쳐주길 바랍니다.

위와 같이 학생들에게 수업의 방법, 퀴즈 상품과 유의 사항 등을 안내한다. 퀴즈 상품을 미리 알려주는 이유는 글을 읽을 때부터 동기를 유발하기 위해서이다. 다만 상품은 사탕이나 초콜릿 같은 약소한 것으로 주는 것이 바람직하다. 보상이 크면 학생들이 지나치게 경쟁심을 품게 되어 분위기가 과열될 수 있고 결과에만 집착하게 되기 때문이다. (보상이 크지 않아도 이 수업은 충분히 분위기가 뜨거워진다.) 그리고 1등 모둠에게만 보상을 주지 말고 전체 모둠의 절반 정도에게 동일한 보상을 주되, 나머지 등위의 모둠에게도 약간의 보상을 제공하는 것이 더 바람직하다. 그렇게 하면 모든 학생이 퀴즈 결과보다는 수업 과정에 더 집중하게 될 것이다.

글을 읽는 시간이 다 지나면 글을 모두 서랍 속에 넣게 한다. 그런 뒤에 모둠 대표들은 원래 자기 자리로 돌아가고, 교사는 이면지를 모둠별로 하나씩 배부한다.

교사: 모둠 대표에게 설명할 때는 선생님이 방금 나눠준 이면지에 쓰면서 설명하는 것이 좋습니다. 물론 이 종이는 설명하는 시간이 끝나면 다시 걷어 갈 겁니다. 즉 나중에 퀴즈 시간에 이 종이를 보면서 문제를 풀 수는 없다는 것이죠. 그러나 종이에 쓰면서 설명하면 모둠 대표가 글의 내용을 이해하고 기억하는 데 큰 도움이 될 거예요. 잘 활용하시길 바랍니다.

모둠 대표에게 글을 설명하는 시간이 다 끝나면 예고한 대로 설명할 때 사용한 이면지는 회수한다. 그리고 다시 새로운 이면지 한 장을 모둠 대표에게 배부한다. 이 새 이면지는 모둠 대표가 퀴즈의 답을 적는 데에 사용할 종이다. 이를 위해 교사는 미리 전체 모둠 수의 두 배만큼 이면지를 챙겨서 교실에 들어가도록 한다.

교사: 이제 모둠 대표들은 이면지를 제출하고 새로운 이면지를 받아 가세요. 그리고 새 이면지와 필기구를 챙겨서 자리를 이동합니다. 1모둠 대표는 2모둠 자리에 가서 앉고, 2모둠 대표는 3모둠 자리에 가서 앉습니다. 6모둠 대표는 1모둠 자리에 가서 앉고요. 이런 식으로 한 칸씩 이동해서 앉으세요.

퀴즈를 풀기 전에는 이와 같이 모둠 대표들이 자리를 바꿔 앉도록 지시한다. 이렇게 하면 다른 모둠원들이 모둠 대표에게 퀴즈의 답을 알려주는 부정행위가 발생하지 않기 때문이다. 또한 이렇게 앉으면 모둠 대표들이 정답을 제대로 썼는지 교사가 일일이 확인할 필요가 없고, 정답을 맞힌 모둠 대표는 손을 들라고만 하면 된다. 왜냐하면 모둠 대표는 경쟁 모둠의 학생들과 함께 앉아 있기 때문에, 답을 틀리게 적고도 거짓으로 정답을 썼다고 속일 수 없기 때문이다. (학생들은 같이 앉아 있는 경쟁 모둠의 대표가 답을 적는 순간부터 정답을 쓰나 안 쓰나 굉장히 관심을 갖고 지켜본다.)

교사: 지금부터 퀴즈를 시작할 건데, 퀴즈는 모둠 대표만 풀 수 있습니다. 모둠 대표를 제외한 나머지 학생들은 절대로 퀴즈의 답이나 힌트 등을 말해서는 안 됩니다. 가끔 어떤 학생들은 옆에 앉은 경쟁 모둠 대표에게 일부러 오답을 말해주는 등의 방해 공작을 펴기도 하는데, 이러한 일도 금지합니다. 발각되면 감점할 거예요.

그리고 퀴즈 문제에는 배점이 다르게 매겨져 있어요. 뒤로 갈수록 배점이 더 높아지므로 역전의 기회는 항상 있습니다. 그러니 끝까지 최선을 다해주세요.

위와 같은 주의사항을 공지한 뒤 퀴즈를 시작한다. 퀴즈 문제는 글을 이해하는 데 있어 핵심적인 내용을 주로 단답형 주관식으로 묻는다. 퀴즈 문제의 예시는 다음과 같다.

'모둠 대표 가르치기' 퀴즈 질문 예시

1. 수산화제이철이 되기 위해 필요한 세 가지는 무엇인가? [1점]
2. 우리가 보통의 쇠못이나 철판에 녹이 슬 때 열기를 느낄 수 없는 이유는? [1점]

3. 녹이 스는 속도를 인위적으로 빠르게 하기 위해 손난로는 어떤 특징을 가진 철가루를 사용하는가? [2점]

4. 손난로를 오랫동안 따뜻하게 유지하기 위해 손난로에 들어 있는 물질 두 가지는? [2점]

5. 손난로에 공급되는 산소의 양이 너무 많으면 녹이 한꺼번에 생겨서 화상을 입을 수 있다. 이를 방지하기 위해 산소량을 조절하는 방법은? [2점]

6. 보수제로 사용되는 톱밥과 버미큘라이트 속 '미세한 구멍'의 역할은? [3점]

7. 손난로를 포장 비닐에서 꺼내면 산소가 손난로의 봉지 구멍에 빨려 들어가는데, 이는 손난로 속 어떤 물질의 작용 때문인가? [3점]

각 질문에는 배점을 미리 표시해 두는 것이 좋은데, 특히 뒤로 갈수록 더 높은 점수를 배정하는 것이 바람직하다. 이렇게 하면 초반에 좀 뒤처지더라도 역전 가능성이 남아 있으므로 학생들이 포기하지 않고 끝까지 도전하게 만들 수 있다.

그리고 가끔 퀴즈가 모두 몇 문제인지를 물어보는 학생이 있는데, 물어봐도 알려줄 수 없다고 답변하는 편이 좋다. 총 질문 개수를 모르면 일찌감치 포기하는 일이 생기지 않고, 앞서 있는 모둠도 마지막까지 긴장의 끈을 놓지 않기 때문이다.

퀴즈는 총 5~8문제 정도가 적당하고, 파워포인트 등으로 한 문제씩 보여주면서 미리 배부한 이면지에 답을 적게 한다.

교사: (1번 문제를 보여준다.)

이제 모둠 대표들은 30초 내에 답을 적으세요. 세 가지를 모두 맞혀야 점수를 얻을 수 있습니다.

(30초 정도를 기다린다.)

5, 4, 3, 2, 1. (숫자를 센다.)

자, 이제 시간이 다 되었습니다. 모둠 대표들은 펜을 내려놓으세요.

(모두 펜을 내려놓았는지 교실을 둘러본다.)

그럼 우리 다 같이 1번 정답이 무엇인지 외쳐봅시다.

(학생들이 함께 정답을 외친다.)

네, 맞습니다. 1번의 정답은 '철, 산소, 물'입니다. 사실 이것은 이 글에서 매우 중요한 의미가 있어요.

답을 맞힌 모둠들, 축하합니다. 정답을 쓴 모둠 대표는 손을 들어보세요.

(교사는 칠판에 '正' 자로 손을 든 모둠의 점수를 표시한다.)

정답이 발표되면 정답을 맞힌 모둠의 학생들은 환호성을 내지를 것이다. 교사는 칠판에 점수를 표시하면서 틀린 모둠의 학생들에게도 아직 1점짜리 문제 하나를 틀렸을 뿐이라며 격려한다. 가끔 학생들이 '이것도 답이 될 수 있냐'고 물어보는 경우가 있는데, 핵심 내용이 들어 있는지에 따라 교사가 정답 여부를 판정해 주면 된다.

이런 식으로 마지막 문제까지 모두 진행하고 나면 수업 시작할 때 공지한 대로 시상을 하고 모두에게 수고와 격려의 말을 전한다. 모둠 대표는 글이 인쇄된 유인물을 받지 못했으므로, 모둠 대표에게 인쇄물을 배부하면서 나중에 꼭 읽어보도록 당부한다. 그리고 퀴즈 과정에서 다수의 모둠이 틀린 문제가 있었다면 기억해 두었다가 교사가 그에 대한 보충 설명을 덧붙여도 좋다.

3. 수업 후기

지금까지 들어본 국어 수업은 모두 교과서를 읽고 글의 주제, 소재, 특징 등을 필기하고 암기해서 시험을 보는 형식이었습니다. 그러나 선생님의 수업은 생각을 하는 수업이어서 좋았습니다.

선생님 수업은 묘하게 학생들이 집중하게 되는 것 같아요. 그동안 수동적이고 지루하기만 했던 국어 공부를 자발적이고 나의 발전을 위한 국어 공부로 가르쳐주셔서 감사합니다.

수업 후에 학생들은 위와 같은 후기를 남겼다. 학생들도 스스로 배움의 주인이 되었을 때, 배움이 즐겁고 자신들에게 의미 있는 변화가 있음을 안다. 그리고 그러한 과정을 함께하는 교사 또한 행복하고 즐거울 것임은 굳이 더 강조할 필요가 없을 것이다.

1. 수업 개요

많은 사람들이 바야흐로 인공지능의 시대가 도래하고 있으며, 이 시대에는 창의력이 가장 중요하다고 말하고 있다. 그렇다면 창의력을 키우기 위한 교육적 방법은 무엇일까? 여러 가지 답이 있을 수 있겠지만, 나는 특히 두 가지 방법이 중요하다고 생각한다. 첫째는 좋은 질문을 하는 힘을 키우는 것, 둘째는 정답이 없는 질문에 답해보게 하는 것이다. '질문하며 읽기' 수업은 이러한 두 가지 방법을 읽기 수업에 적용한 것이다.

'질문하며 읽기'는 학생들이 스스로 글에 대해 질문을 던지고, 그 질문에 대한 답을 토의하며 글을 더 깊이 있게 이해하는 수업이다. 이때 '질문'은 생각을 하게 하는 질문이라는 점에서 '생각질문'이라고 부른다.

1단계 '설명하며 읽기'가 사실적 이해에 초점이 있다면, 2단계 '질문하며 읽기'는 비판적·추론적·확장적 이해에 초점이 있다. 그리고 이 수업은 텍스트를 더 심화해서 이해하고, 더 적극적인 자세로 필자의 의도를 고민해 보는 데에 목적을 둔다.

물론 사실적 이해는 모든 읽기에서 가장 기본이 되는 것이므로 '설명하며 읽기'를 한 뒤에 '질문하며 읽기'로 넘어오면 더 효과적이다. 다만 '질문하며 읽기'는 객관적인 정보만을 다루는 텍스트보다는 주관적

최근 미국의 한 대학 총장이 "여성은 선천적으로 수학과 과학 능력이 떨어진다."라고 발언했다가 거센 반발을 샀다. 이처럼 일부 사람들은 아직도 남녀 사이의 특성 차이를 거론한다. 지능지수의 평균 점수는 차이가 없지만, 검사 결과를 유형별로 분석해 보면 의미 있는 차이가 있다는 것이다. 그들은 여성은 언어적 능력에서, 남성은 수학적 능력과 공간 지각 능력에서 우수하다는 증거들을 제시한다. 그리고 지적인 능력은 아니지만 공격성이라는 특성에서도 성차(性差)가 나타난다고 생각한다. (중략)

우리가 사람들을 제대로 이해하기 위해서는 그들을 '남성'이나 '여성'이라고 한 덩어리로 뭉뚱그려서는 안 된다. 우리는 그들 각각을 하나의 개별체로 보고 접근해야 한다. 성차가 유전적으로 존재한다는 과학적인 근거가 입증된다고 해도 그렇다. 하물며 단순히 편견에 의존해서 집단 간의 차이를 부여하는 경우는 더 말할 나위가 없다.

- 2006학년도 6월 3학년 수능 모의고사 지문에서

* 생각질문 (질문만 작성함)

1. _____

_____

2. _____

_____

* 모둠 질문

1. _____

_____

_____

2. _____

_____

_____

인 가치를 담고 있는 텍스트를 읽는 데에 더 효과적인 방법이다. 그래서 문학 텍스트에 적용할 때도 매우 유용하다.

수업 시간에 배부할 학습지의 형태는 상당히 간단하다. 위와 같이 글 뒤에 '생각질문'을 쓰는 칸과 '모둠 질문'을 쓰는 칸을 비워두고, 번호 1번과 2번만 매겨두면 된다. 생각질문 칸에는 학생 개인이 생각한 질문을 쓰게 하고, 답은 적지 않는다. 모둠 질문 칸에는 모둠에서 함께 토의할 대표 질문과 그 답을 작성하게 한다.

2. 수업 과정

이 수업은 총 2차시로 진행된다. 1차시에는 글을 읽고 모둠 질문을 정한다. 2차시에는 모둠 질문을 토의하고 발표한다. 그 세부 내용을 간략히 정리하면 다음과 같다.

'질문하며 읽기' 수업 과정	
1차시	① 모둠 구성하고 글 읽기 ② 밑줄 긋고 개인 질문 쓰기 ③ 밑줄 그은 이유 말하기 ④ 사회자 정하기 ⑤ 모둠 질문 정하기
2차시	⑥ 모둠 질문의 답 토의하기 ⑦ 발표하기

글을 읽기 전에 '읽기 중 활동'과 '읽기 후 활동'에 대해 미리 안내한다. 읽기 중 활동과 읽기 후 활동을 미리 염두에 두고 글을 읽는 것이 더 효과적이기 때문이다.

교사: 글을 다 읽고 나면 두 가지 활동을 하게 됩니다. 인상적인 문장에 밑줄 긋기와 생각질문 두 개 쓰기. 그러니 글을 읽으면서 인상적인 문장 혹은 중요한 문장에 밑줄을 그으세요. 글을 다 읽고 나면 왜 그 문장에 밑줄을 그었는지, 밑줄 그은 이유를 말하는 시간이 있습니다.

또 글을 읽고 나면 글에 대한 생각질문을 두 개 씁니다. 생각을 하게 하는 질문이라서 '생각질문'으로 부릅니다. 그러니 글을 읽으면서 떠오르는 질문이 있다면 기억해 두기 바랍니다.

그럼 지금부터 모둠원들과 함께 글을 읽어보겠습니다. 각 모둠에서 출석번호가 가장 빠른 사람이 첫 번째 문단을 읽고, 그 왼쪽 방향으로 돌아가면서 한 사람이 한 문단씩 읽도록 합니다.

　각 모둠별로 모둠원들이 한 문단씩 돌아가면서 글을 읽게 하면 좋다. 이렇게 읽으면 한 사람이 낭독할 수 있는 분량이 많아지고, 읽기 활동을 모둠원들과 함께하는 느낌을 준다. 약간의 시간차는 있지만 대개 모든 모둠의 낭독이 거의 비슷한 시점에 끝날 것이다. 다음은 수업 시간에 사용한 글감의 예시이다.

오늘 한국의 부모들은 대학 졸업장이 인생의 질을 결정한다고 믿는다. 물론 여기에서 '인생의 질'은 전적으로 경제적 기준에 의한 것이다. 간혹 '경제적 기준이 인생의 질을 결정하는 기준일 수 있는가?' 반문하는 사람도 있지만, 그들 역시 제 아이의 교육 문제에서는 그런 기준을 포기하지 않는다. 다들 말한다. "잘못된 건 알지만 현실이⋯⋯." 그런데 그 현실주의, 오늘 한국의 부모들이 입술을 깨물며 다짐하는 그 현실주의는 정말 현실적일까?
　지금 아이들이 대략 한 해에 60만 명이다. 대학 정원이 늘어나서 안전하게만 지원하면 대학에 들어가는 건 어렵지 않다. 그러나 앞서 말한 '인생의 질'과 관련지어 유의미하고 즉각적인 효력을 갖는 대학과 학과는 극히 일부다. 서울대의 일부, 연세대와 고려대의 더 적은 일부, 그리고 몇몇 대학의 그보다 더 적은 일부가 해당한다고 할 수 있다. 그걸 다 해서 3만 명이라고 해보자. 60만 명 가운데 3만

명이면 5%이다.

　그런데 그 3만 명이 전국에서 고루 나오는 건 아니다. 올해 연대·고대 인문계열 신입생 가운데 외고 출신이 40%를 넘겼다는데, 이런저런 특목고들이 계속 늘어나는 추세로 본다면 지금 초등학생이나 중학생이 대학에 들어갈 무렵이면 그 3만 명의 적어도 절반 이상은 특정 지역 혹은 특목고 출신이 차지할 것이다. 결국 보통의 아이들이 대학 입시를 통해 유의미하고 즉각적인 '인생의 질'을 확보할 확률은 2.5% 이하인 셈이다.

　2.5% 이하의 가능성은 어떤 것인가? 이를테면 의사가 심각한 얼굴로 "살 가능성이 2.5% 이하입니다."라고 말할 때, 혹은 "살지 못할 확률이 97.5% 이상입니다."라고 할 때 우리는 어떤 생각을 하는가? 그런 가능성을 두고 맘껏 뛰어놀아야 할 초등학교 적부터 감옥의 수인들처럼 학원을 돌며 청소년기를 보내고, 부모들은 줄잡아 10~20년을 잔업 특근에 매이고 노래방 도우미까지 해가며 아이들 '옥바라지'를 하며 사는 게 과연 현실적일까?

　비슷한 이야기로, 한국의 직업이 대략 1만 개다. 우리 아이들은 나중에 1만 개의 직업을 가지고 살아가게 된다는 이야기다. 그런데 오늘 한국의 부모들이 제 아이가 고등학교를 마칠 때까지 생각하는 직업은 몇 개인가? 10개? 기껏해야 20개 안쪽이다. 1만 개의 직업을 갖고 살아갈 아이들에게 20개의 직업만을 생각하며 몰아붙이는 부모들을 현실적이라고 할 수 있을까? 그들은 오히려 9,980가지 직업을 갖고 살아갈 아이들을 인생의 낙오자로 만드는 사람들이 아닐까?

오늘 한국의 부모들은 너나없이 교육 문제에 대해 가장 현실적인 태도를 가진다고 믿지만 실은 현실이 주는 공포와 불안, 즉 '이런 무한경쟁의 세상에서 내 새끼가 도태되면 어쩌나' 하는 공포와 불안에 짓눌려, 최소한의 계산도 못 한 채 아이들과 자신의 소중한 삶을 지옥으로 만든다. 이 지옥이 지나면 행복한 미래가 도래할까? 인생은 그렇지 않다. 지금 행복할 줄 모르는 사람은 영원히 행복할 줄 모른다.

우리는 이 지옥에서 어떻게 빠져나갈 수 있을까? 그 출발은 우리가 현실주의라는 이름의 몽상을 버리고 현실적인 태도를 회복하는 것이다. 아이가 대학을 갈 수도 있지만, 가지 않고도 잘 살 수 있는 가능성을 고민하는 것이다. 아이가 제 재능과 적성을 일찌감치 발견하여 대학을 가지 않고도 자존감을 유지하며 진정 풍요롭게 살 수 있는 길을 마련하는 것이다. 그게 되겠냐고? 왜 안 되는가? 2.5%의 가능성이 97.5%의 가능성으로 바뀌는데, 20개의 직업에 대한 집착이 자그마치 9,980개의 선택으로 바뀌는데.

- 김규항, 〈현실의 회복〉

글을 다 읽고 나면 글을 읽기 전에 예고한 대로 인상적인 문장에 밑줄을 긋게 하고, 글에 대한 생각질문 두 개를 작성하게 한다. 이때 질문의 답은 적지 않고 질문만 쓰게 한다. 다음과 같이 안내하는 것이 좋다.

교사: 글을 읽는 동안 인상적인 문장에 밑줄을 긋지 못했다면, 지금 빨리 글을 훑어보면서 밑줄을 긋습니다.

그리고 글에 대한 생각질문을 두 개 작성합니다. 생각질문은 생각을 하게 하는 질문입니다. 그러니 글 속에 질문의 답이 이미 제시되어 있거나 답이 너무 뻔해 보이는 질문은 생각질문이 아닙니다. 글을 읽고 궁금한 점, 글 내용과 관련하여 함께 얘기해 보고 싶은 것에 대해 질문합니다. 질문만 쓰고, 질문의 답은 적지 않습니다.

생각질문을 어떻게 해야 할지 잘 모르겠다면 지금부터 잘 들으세요. 질문에 '왜' 또는 '어떻게'가 들어가면 좋은 생각질문을 만들 수 있습니다. 그리고 주어를 '글쓴이는', '나는', '우리는' 등으로 정해서 질문을 생각해 보세요.

밑줄을 긋고 생각질문을 적는 시간으로 5분 정도를 부여한다. 시간이 다 되면 모둠 내에서 한 사람씩 돌아가면서 자신이 밑줄 그은 문장을 소리 내어 읽고, 그 문장에 밑줄 그은 이유를 말하도록 한다. 각자 1분씩 말하도록 하는데, 모둠별로 1분짜리 모래시계를 나눠주거나 휴대폰의 타이머 기능을 활용하여 1분 동안 시간을 재도록 한다. 그리고 한 사람이 1분 동안 말하는 데에 성공하면 모든 모둠원이 다 같이 축하의 박수를 치도록 한다.

1분 동안 이야기하는 것을 강조하는 이유는 학생들 다수가 자신의 생각을 구체적이고 풍부하게 표현하는 것을 힘들어하기 때문이다. 그래서 이유를 말하라고 하면 10~20초 정도로 짧게 이야기하고 마는 경우가 많다. 따라서 평소에 자신의 생각을 논리적이고 구체적으로 표현하는 연습이 필요하다고 강조하면서 1분 말하기를 독려한다.

밑줄 그은 이유 말하기가 끝나면 모둠별로 '사회자'를 정한다. 토의 진행에 있어 사회자의 역할은 매우 중요하므로 다음과 같이 안내한다. 사회자 역할을 적은 안내 카드와 (하드보드지 같은 두꺼운 종이를 잘라 만든) 노랑·빨강 카드를 배부해 주면 사회자 역할을 수행하는 데에 큰 도움이 된다.

교사: 사회자로 뽑힌 사람은 손을 들어주세요. (학생들이 손을 든다.) 사회자들은 나와서 사회자 역할 카드를 받아 가세요. (사회자들이 역할 카드, 노랑 카드, 빨강 카드를 받아 간다.)

사회자는 토의를 시작하고 진행하는 중요한 역할을 합니다. 사회자들은 사회자 역할 카드에 적힌 내용을 꼭 숙지해야 합니다.

첫째, 사회자부터 먼저 자기 생각을 이야기한 후 발언 순서를 정합니다. (말할 사람을 지목하거나 한쪽 방향으로 돌아가면서 골고루 생각을 말하도록 지시하면 됩니다.)

둘째, 토의를 마무리할 때가 되면 모둠 의견을 어떤 식으로 정리할지 묻습니다.

셋째, "왜 그렇게 생각해?"라는 질문을 적극적으로 합니다.

넷째, 사회자의 지시에 불응하거나 상대를 비난하는 사람에게는 노랑 카드로 경고합니다. 노랑 카드를 두 번째로 받는 사람에게는 빨강 카드를 보여주고 선생님에게 알립니다.

사회자를 정하고 역할 안내가 끝나면 모둠원들의 생각질문 중에서 가장 가치 있는 '모둠 질문'을 뽑는다. 우선 한 명씩 자신의 생각질문을 읽고 그 질문이 가치 있는 이유를 말한다. 그 후에 별점을 매겨서 가장 가치 있는 질문을 모둠 질문으로 선정하고 학습지에 쓴다.

'모둠 질문' 선정하기 과정

① 생각질문을 하나만 고르기

② 생각질문을 읽고 가치 있는 이유 말하기

③ 자기 학습지 왼쪽 사람에게 전달하기

④ 다른 사람의 생각질문에 별점 매기기

⑤ 별 점수로 모둠 질문 2개 선정하기

⑥ 선정된 모둠 질문을 학습지에 쓰기

학생들에게는 이러한 절차를 아래와 같이 안내한다.

교사: 여러분은 각자 자신이 작성한 두 개의 생각질문 중 더 가치 있다고 생각하는 것을 마음속으로 하나 고릅니다. 다 골랐나요?

그러면 지금부터 자신이 고른 생각질문을 소리 내어 읽고, 그 질문이 가치 있다고 생각하는 이유를 말하겠습니다

맨 먼저 사회자부터 말하고, 사회자의 진행에 따라 한 명씩 이야기하겠습니다. 사회자는 반드시 생각질문과 함께 그 질문이 가치 있다고 생각하는 이유를 말하도록 진행해야 합니다. 4분 동안 진행합니다. 시작하세요.

(4분 후) 이제부터 모둠 대표 질문을 뽑겠습니다. 생각질문 두 개

중 자기가 발표했던 질문에 동그라미 표시를 하고, (생각질문이 적힌) 자기 학습지를 자신의 왼쪽 사람에게 전달하세요. 다른 모둠원이 작성한 생각질문 옆에, 질문의 가치에 따라 별(☆) 점수를 1개부터 5개까지 부여합니다.

중요한 질문, 가치 있는 질문이 어떤 것인지 생각해서 신중하게 점수를 주세요. 자신의 질문에는 별을 매기지 않고, 다른 사람의 질문에는 반드시 별을 하나 이상 주어야 합니다. 학습지가 한 바퀴 돌아서 본인에게 돌아오면, 사회자는 가장 많은 별 점수를 받은 질문 두 개를 모둠 질문으로 선정합니다.

모둠 질문이 선정되면 모둠 질문을 각자 자기 학습지에 씁니다. 모든 모둠원이 다 쓴 뒤에는 '완료 구호'를 외칩니다.

여기까지가 '질문하며 읽기' 수업의 1차시다. 모둠 활동을 할 때는 '완료 구호'를 사전에 미리 정해두고 활동이 완료되면 완료 구호를 외치게 한다. 그러면 교사는 먼저 활동이 완료된 모둠을 점검하고 피드백을 제공할 수 있기 때문이다.

피드백이 필요한 생각질문은 어떤 것일까? 그것은 답이 열려 있기보다는 닫혀 있고, 생각을 확장시키보다는 좁히는 질문이다. 가령 '좋은 대학을 가지 않고도 자존감을 유지하는 것은 너무 어려운 일이 아닐까?'와 같은 질문은 질문 속에 이미 '어려운 일'이라는 편견이 들어 있다. 또한 이 질문은 '어려운 일이다' 또는 '어려운 일이 아니다' 둘 중에서만 답변을 선택해야 하므로 생각을 확장시키는 좋은 질문이라고 보기 어렵다. 이는 질문을 약간 순화해서 '좋은 대학을 가지 않고도 자존감을 유지하는 것이 가능할까?'로 바꾸어도 마찬가지다. 그렇다면 이 질문을 어떻게 바꾸는 것이 바람직할까?

좋은 대학을 가지 않고도 자존감을 유지하기 위해서는 어떻게 해야 할까?

이것이 생각을 확장시키는 더 좋은 질문이다. 그리고 이 질문의 주어를 학생, 학부모, 교사, 사회 등으로 상정해 보는 것도 좋다. 즉 '좋은 대학을 가지 않고도 자존감을 유지하기 위해서 (학생은/학부모는/교사는/사회는) 어떻게 해야 할까?'와 같이 주체를 구체적으로 설정해서 질문하는 것도 의미가 있다.

이러한 피드백 과정은 해당 모둠뿐만 아니라 전체 학생들과도 공유하는 것이 바람직하다. 생각질문을 점검해 보고 어떤 질문이 좋은 질문인가를 함께 고민해 보는 것도 굉장히 의미 있는 공부가 되기 때문이다. 설사 정답을 찾지 못할지라도 좋은 질문은 질문하는 것 자체만으로 좋은 생각을 만들어낸다. 루이스 칸의 말을 빌리자면 '훌륭한 질문은 훌륭한 대답보다 더 위대하다.'

모둠 질문을 정하는 1차시 수업이 끝나면, 2차시에는 모둠 질문의 답을 토의하고 그 답을 정리해서 쓴 뒤 발표한다.

교사: 사회자는 모둠 질문을 소리 내어 읽고 자신이 생각하는 답을 말합니다. 그런 다음 다른 사람을 지목하거나 돌아가면서 한 명씩 생각을 말하도록 지시합니다. 답을 몰라서 말하기 힘든 사람은 "잘 모

르겠다."라고 말하는 것도 중요합니다. 모르겠다고 말하는 사람에게는 다른 사람들이 가르쳐줄 수 있기 때문입니다. 말을 하지 않고 계속 입을 다물고 있으면 모둠 활동이 귀찮거나 하기 싫어서 그런 것으로 오해받을 수 있습니다.

사회자는 충분히 토의가 이루어졌다면 모둠 질문의 답을 함께 정리하자고 제안합니다. 토의 내용을 어떻게 정리하면 좋을지 함께 의논해서 질문의 답을 정합니다. 답이 정해지면 모두가 자신의 학습지에 합의된 답을 적도록 합니다. 모든 모둠원이 답을 다 적으면 완료 구호를 외치세요. 토의 시간은 15분입니다.

지정된 시간이 지나면 토의 종료를 알린다. 시간 내에 두 개의 모둠 질문 중 최소 하나는 토의를 완료하여 답이 적혀 있어야 함을 토의 중간에 강조한다.

토의 종료 후 모둠 질문 두 개 중 토의가 더 활발했던 질문 하나만 골라 한 모둠씩 차례대로 발표하도록 한다. 발표하는 사람은 사회자를 제외한 나머지 모둠원 중에서 교사가 무작위로 지목한다. 발표자가 모둠 질문을 소리 내어 읽으면 교사는 질문을 들으며 판서한다. 질문을 다 읽은 뒤에는 토의한 답을 읽게 하고 다음과 같이 묻는다.

교사: 이 모둠과 비슷한 질문을 토의한 모둠이 있으면 손을 들어주세요.
　(손을 든 모둠이 없다면) 혹시 이 질문의 답변에 대해 더 보태고 싶은 내용이나 다른 의견이 있다면 말해주세요.
　(손을 든 모둠이 있다면) 질문이 비슷한가요? 그렇다면 그 모둠에서

는 이 질문에 대해 어떤 답을 냈는지 들려주세요.

(비슷한 질문에 대해 두 모둠의 답이 상이하다면 제3의 모둠을 지목하면서) 두 모둠의 답 중에서 좀 더 설득력이 있다고 생각하는 답은 어떤 것인가요? 그 이유는 무엇이죠?

(두 모둠의 답이 양립 불가능하다면 첫 번째 발표 모둠에게) 두 번째 발표 모둠의 답은 이 모둠의 결론과는 정반대의 입장이었습니다. 이에 대해 어떻게 반박할 수 있을까요?

위와 같이 발표를 진행하면서 모둠 질문을 공유하고 그에 대한 답을 함께 고민하는 시간을 갖는다. 이러한 과정을 통해 서로 고민해 보지 못한 부분에 대해 생각을 확장하고 텍스트를 더 깊이 있게 이해할 수 있도록 유도한다.

3. 수업 후기

학생들은 처음에는 자신들이 수업의 주도권을 가져야 하는 것에 부담을 느끼기도 하고 귀찮아하기도 했다. 하지만 수업이 진행될수록 많은 학생들이 이러한 공부가 자신들에게 도움이 된다는 사실을 받아들이기 시작했고, 수업 말미에는 다음과 같은 후기를 남기기도 했다.

솔직히 저는 중학교 때부터 국어가 싫었습니다. 매일 글을 읽고 선생님이 설명하는 비슷하고 지루한 패턴의 반복이었으니까요. 하지만 선생님의 수업은 지루한 수업이 아닌 제가 제 생각을 말할 수 있고 토의하는 활동적인 수업이어서 국어에 관한 관심이 많이 늘어난 것 같습니다.

그동안 국어는 저에게 높은 산과 같았습니다. 하지만 선생님과의 수업을 통해 그 산을 허물어 낼 수 있었고 넘을 수 있었습니다.

학생이 '높은 산'처럼 느껴졌던 국어를 마침내 극복했다고 소감을 말한 까닭은 무엇일까? 단지 성적의 변화가 아니라, 이 수업을 통해 자기 내면의 무엇인가가 변화했다고 느꼈기 때문일 것이다. 우리가 무언가를 진정으로 '배웠다'고 말하려면 어떤 '변화'가 있어야 한다. 그런데 다른 사람을 통해 수동적으로 주어지는 배움을 통해서는 변화가 일어나기 어렵다. 남의 힘을 빌리면 자기 힘은 약해지기 때문이다.

앞으로 더 많은 학생들이 글에 대해 스스로 의문을 던지고, 그 답을 여럿이 함께 찾아나가는 과정을 통해 이런 변화를 경험하길 바란다. 그리고 이러한 과정을 지켜보는 교사들에게도 더 큰 보람과 즐거움이 함께하길 바란다.

진로를 탐색하는
논문 읽기

최지웅

수업 개요

"깊이 있는 어려운 글을 이해해 보려고 하는데, 어떻게 해야 할지 모르겠어요."

고등학생이라면 꽤 깊이 있는 글을 이해하길 요구받는 경우가 많다. 하지만 이를 어떻게 연습하고 훈련해야 할지는 막막하기만 하다. 이를 연습하는 데에 논문 읽기가 최적의 활동임을 우연한 계기로 알게 되었다. 학생들과 '집단적 진로 프로젝트'로 명명된 활동을 진행하면서 진로와 관련된 논문을 주도적으로 찾아 읽은 뒤, 논문 독후 활동으로 탐구 보고서를 작성하고 결과물을 발표했다. 이 수업을 통해 많은 학생들이 심화된 글, 어려운 글 읽기에 대한 두려움을 극복하게 되었고, 이를 통해 논문 읽기의 유용함과 의미에 대해 이해하게 되었다고 말했다.

요즘 고등학생들에게는 문해력뿐만 아니라 진로 탐구 역량도 요구된다. 학생들은 이를 드러낼 수 있는 여러 가지 보고서 작성을 요구받는데, 이를 어떻게 해야 할지 몰라 전전긍긍하는 것이 다반사다. 특히, 그냥 하라고 하면 인터넷 검색을 통해 나무위키를 찾아보며 복사하여 붙여 넣거나, 조금 더 머리를 쓰면 챗GPT나 구글에 물어보고 적절하게 재가공하는 수준의 결과물이기 일쑤다. 그러나 검색은 탐구가 아니다.

이러한 일이 발생하는 이유는 학생들이 논문을 제대로 찾고 그것을 제대로 이해하는 방법을 배우지 못했기 때문이다. 학생들에게 논문을 자기 주도적으로 탐색하고, 선정하고, 읽고, 탐구하는 과정을 가르친다면 학생들의 문해력은 물론 진로 탐구 역량을 향상시키는 데도 큰 도움이 될 것이다.

'논문'이라는 단어에 위축될 수도 있지만, 교사의 도움이 있으면 문해력이 뛰어나지 않은 학생들도 충분히 읽을 수 있다. 대학이라는 학문의 전당으로 가는 길에 논문이라는 정제된 텍스트를 나의 진로와 연계하여 탐구하며 내면화하는 일, 가능하다. 나름의 탐구 보고서, PPT, 영상 등으로 재해석하여 자신의 탐구력을 보이는 능동적 재해석 역시, 가능하다. 교사 역시 그 논문을 잘 몰라도 학생들에게 가르칠 수 있다. 교사는 그저 친절한 촉진자이자 안내자로서 그 역할을 한다면 충분하다.

본 수업은 각 학교에서 흔히 실시되는 교사들의 '전문적 학습 공동체'처럼 방과후 프로젝트형 활동으로 구성되었다. 학기 말에 실시되는 학교 자율과정에서 적극적으로 활용하거나 창의적 체험활동 시간이나 정규 수업에서 아래의 일부 차시만 활용하더라도 의미가 있을 것이다. 기본적으로 10~14명의 학생들과 함께 10차시 정도로 구성했다. 흐름은 아래와 같다.

단계	차시	수업 내용
준비	1차시	모두의 진로를 키워드로 공유하기
1단계	2차시	프로젝트 이해하기, 논문과 친해지기
2단계	3~4차시	논문 찾기에 관한 요령 안내하기, 실습
3단계	5~6차시	탐색한 논문을 바탕으로 주제 1:1 코칭
4단계	7~8차시	탐구 보고서 및 발표 자료 만들기
정리	9~10차시	탐구 내용 공유 및 발표하기

1차시에는 함께 활동하는 학생들이 서로 가볍게 친해지는 활동에 주력했다. 유사한 어문계열 진로이든, 아예 각기 상이한 진로이든 자신이 탐구해 보고 싶은 키워드를 공유하는 것으로 시작한다. 이 과정에서 가벼운 퀴즈를 통해 흥미를 유발한다.

대다수 차시가 실습형 활동으로 이루어지지만, 2차시에는 교사의 강의식 수업이 일부 필요하다. 논문이란 특수한 텍스트에 대한 이해를 위한 선행 작업의 성격을 갖는다. 이 과정은 고등학생들에게 낯설게 느껴지는 논문을 보다 친숙하게 만들어주는 역할을 할 것이다.

3~4차시에는 구체적으로 논문 찾기에 대한 요령을 안내한다. 실제 희망하는 대학과 학과에 맞춰서 찾아보는 법, 자신이 관심 있는 주제를 키워드로 활용해 찾아보는 방법을 안내한다.

5~6차시에는 교사의 강의식 수업이 아니라 코칭이 요구된다. 학생들은 드넓은 논문이란 망망대해에서 이렇게 저렇게 읽을거리를 찾아보게 된다. 자신이 탐구하고 싶은 주제를 먼저 세우고 찾든, 논문을 먼저 찾고 이후에 주제를 정립하든, 이 과정에서 교사는 조언자·협력자 역할을 수행한다. 이를 바탕으로 자신이 진행하고 싶은 주제를 정립하고 7~8차시에서는 탐구 보고서든, PPT든, 영상이든 자유롭게 발표 자료를 구성하는 시간을 갖게 한다.

9~10차시에는 작은 발표회를 개최한다. 반원의 구조로 책상을 배치하여 발표자의 결과물을 함께 감상하고 피드백을 공유한다. 여기서 그치지 않고 학교, 학년, 학급 행사에 적용하여 이를 널리 공유하기도 한다.

이를 통해 자신과 유사한 진로든 그렇지 않은 진로든 한 학생의 집약물을 보며 서로 성장하게 되는 경험을 제공한다. 본 활동은 '집단적 진로 프로젝트' 활동 및 '논문 읽기를 활용한 특강 수업'에서 유용하게 활용되었던 차시들을 보편적인 수업 형태로 재구성하여 진행한 것이다.

모두의 진로를 키워드로 공유하기

1. 왜 논문이어야 하는가?

> 거인의 어깨에 올라서서 더 넓은 세상을 바라보라. (아이작 뉴턴)

구글 학술검색, 스콜라 홈페이지에 접속하면 뉴턴의 글귀가 적혀 있다. 물론 아무도 보지 않는 죽은 논문을 양산하는 것이 공공연한 비밀이라고도 하나, 이것은 경지에 도달한 학자들에게나 해당하는 겸양 혹은 자조 섞인 농담일 것이다.

그러나 고등학생, 아니 어쩌면 예비 대학생에게 논문은 '진로의 정수(精髓)이자 열쇠'로, 탐구의 과정에서 거인의 어깨에 올라탄 것과 같은 큰 힘이 될 것이다. 논문은 단 한 사람의 결과물이 아니라 많은 학자들의 관점과 아이디어와 실험 결과물이 눈덩이처럼 쌓여온 집합체이기 때문이다.

가지나 잎을 보며 공부하는 것이 아니라 뿌리를 추적하는 공부야말로 탐구(探究)의 사전적 의미(진리, 학문 따위를 파고들어 깊이 연구함)에 부합한다. 학술지 논문이건 학위 논문이건 해당 분야 최고의 권위자들이 지도하고 작성한 신뢰할 수 있는 텍스트가 논문이다.

그래서 고등학생이 진로를 모색하는 과정에서 '논문'을 활용하는 것은 꼭 필요한 행위라고 생각한다. 다만 논문은 대학생이나 대학원생이 아닌 고등학생 신분으로는 접근하기 어렵고, 어려운 과학기술 지문

처럼 이해하기 쉽지 않기에 교사의 도움이 필요하다. 그래서 본 활동이
의미가 있다.

2. 논문에 대한 오해

결국 문제는 논문을 고등학생이 어떻게 읽을 것이며, 어떻게 지도할 것
이냐이다. 간혹 '논문'이라는 말에 아래와 같은 선생님들의 공격 반응
이 나타나기도 하기에 잠시 짚고 가자.

> "그래서 생활기록부에 논문이란 표현을 쓸 수 있다는 거예요? 아니면 못
> 쓴다는 거예요?"

결론부터 말하면, '논문'이라는 단어를 생활기록부에 쓸 수 있다.
단, '읽기'와 '활용'에 한해서. 소논문 금지 가이드라인이 와전되어 어느
순간부터 학교 현장에서는 '논문'이 금기어처럼 여겨졌다. 그러나 학문
의 전당으로 향하는 길목에서 논문이라는 '학술 자료' 읽기는 고등학생
에게 진로를 탐색하는 훌륭한 도구이자 도전적인 읽기 자료로 손색이
없다.

실제로 우리나라의 한 대학교에서는 다음과 같이 학생부종합전형
을 준비하도록 안내하고 있다.

> 단순히 내용 암기와 문제 풀이 연습만으로는 여러분의 지식을 확장하기

에 한계가 있습니다. (중략) 수업 시간에 발표, 토론 기회가 주어진다면 적극적으로 참여하여 관련 자료를 찾고 연습하는 등 준비하는 과정에서 실력을 쌓을 수 있습니다. (중략) 공부의 재미와 맛에 푹 빠져봅시다. 아직 그런 맛을 잘 모르겠다고요? 그렇다면 무엇보다 먼저 선생님과 상의해 보세요. 선생님들께 계속해서 묻고 도움을 청하고 때로는 귀찮아하실 때까지 매달려 보는 것은 어떨까요?

– 2024학년도 서울대학교 학생부종합전형 안내, 35쪽.

'스스로'라는 말은 참 좋지만 참 어렵다. 통계청이 발표한 '2023년 사회조사' 결과에 따르면, 13세 이상 우리나라의 인구 절반가량은 지난 1년 동안 독서를 하지 않은 것으로 집계됐다. 하물며 '논문'은 어떻겠는가. 이런 상황에서 고등학생들이 스스로 논문을 읽을 수 있을까?

답은 위에서 소개한 학생부종합전형 안내에 친절히 적혀 있다. 바로 '선생님'이다. 통계청 결과에서 그래도 다행인 대목은 연령별 독서 인구였는데, 13~19세가 68.1%로 가장 높았다. 이는 단순히 입시 때문만이 아니라 '한 학기 한 권 읽기'라는 교육과정 내용과 이를 학생들에게 잘 안내하고 지도한 '선생님'이 있었기 때문에 가능했던 게 아닐까?

3. 진로 공유하기

왜 학생들은 모여서 함께하는 방과후 프로젝트를 구상했을까? 진로의 유사성이 다소 있을지라도, 들여다보면 모두 각기 다른 진로를 희망하는데도 군이 '함께하는 탐구형 수업'이 필요했을까?

학생들은 '대학 진학'이라는 현실적인 목표에 초점을 두었을 것이다. 그랬기에 꼬리가 머리를 흔드는 상황, 즉 진학이 수업 내용을 잡고 흔들어버리는 상황이 될 우려도 있었다.

"처음에는 단순히 대학교에 합격해야겠다는 목적을 가지고 활동들을 시작했습니다. 성적이 상위권이 아니었던 저는 2학년 때부터 특정 학교의 한 학과만을 노리고 활동했습니다."

대학생이 된 한 제자가 이렇게 고백하기도 했다. 자신의 결과물만 생각한다면 함께하는 친구들의 결과물 발표에는 무관심할 수 있고, '아까운 시간'처럼 느껴질 수 있다. 이 때문에 서로의 진로를 공유하는 활동은 필수적으로 요구된다. 그 방식이 흥미로운 것이라면 더욱 좋다.

방법 1. 한 사람씩 돌아가며 칠판에 나와서 진로와 관련된 실마리가 되는 키워드를 적는다.

방법 2. 총 다섯 개까지 순차적으로 적는데, 맞히기 어려운 키워드부터 쉬운 키워드로 구성하라고 안내한다.

방법 3. 정답을 맞힐 수 있는 기회는 모두에게 단 한 번뿐이니 신중하게 손을 들고 맞춰야 한다.

이 활동에서 정답자에게 나름의 혜택을 줘야 하는데, 정답을 맞힌 순서대로 이 수업의 마지막 단계인 발표회의 '발표 순서'를 정하도록 했다. 한 친구의 진로 키워드 사례를 재구성해 보면 다음과 같다.

#봄

2010년 말 튀니지에서 시작된 이 지역의 대표적인 민주화 시위를 '이것의 봄'이라고 부른다. 세계사적 지식이 있는 친구들은 맞힐 수도 있지만 대부분 여기서는 추론하기 어렵다. 맞히지 못하자 다음 키워드를 칠판에 적는다.

#쿠나파

쿠나파는 대표적인 중동 지방의 디저트다. 요즘은 홍대나 성수동에 아랍과 관련된 디저트 카페들이 많이 생기고 있지만, 아직은 사람들에게 낯선 음식이다. 여기까지도 사실 이 친구의 진로가 무엇인지 알기 어렵다.

#오른쪽에서 왼쪽으로

이 언어는 오른쪽에서 왼쪽으로 읽고 쓴다. 이쯤 되면 수능 제2외국어로 해당 언어를 선택한 친구들 정도는 감을 잡기도 한다. 결국 언어적 지식이 있는 친구가 '아랍'이라고 외친다.

먼저 정답을 외친 학생에게는 발표회 발표 순서를 정할 수 있게 한다. 그리고 퀴즈를 낸 학생에게는 왜 '봄'이라고 했는지, 왜 '쿠나파'라고 했는지 설명을 요구한다. 또 나머지 키워드는 무엇이었는지 물어본다. 이 학생이 준비한 다음 키워드는 '#만수르'와 '#히잡'이었다.

이렇게 모두가 진로 관련 키워드를 공유하고 나면 자연스럽게 발표회 발표 순서도 정해지고, 서로가 어떤 분야에 관심이 있는지 확실히 알게 된다. 혼자 진로를 탐구하는 것보다 관심사를 나누는 즐거움을 알아가는 것이 본 수업의 시작이다.

1단계 프로젝트 이해하기, 논문과 친해지기

1. 논문 사이트 접속하기

2차시는 논문을 검색하는 방법과 논문을 읽는 기초 지식을 이해시키는데 초점을 맞췄다. 이 수업은 '논문 사이트 접속하기 – 논문의 구조 확인하기 – 초록 이해하기 – 결론을 밑줄로 정리하기'의 과정을 거친다. 이 활동을 할 때는 교사가 자신의 노트북 화면을 보여줄 수 있는 미디어 환경과 학생들의 노트북 혹은 태블릿 사용 환경이 필수적이다.

먼저 다음과 같은 논문 검색 사이트를 안내했다.

- 구글 학술검색(스콜라)
- 한국교육학술정보원(RISS)
- 네이버 전문 정보
- DBPIA
- 교보문고 스콜라

유료 결재를 해야 학술 자료를 볼 수 있는 사이트도 있는데, 본교에서는 DBPIA와 제휴되어 있어서 이 사이트의 논문을 주로 활용했다. 그리고 RISS나 구글 학술검색을 통해 공개된 자료를 활용할 수도 있다. 학술 자료의 활용도를 높이려면 기관 구독이 학교 차원에서 이뤄지는 것이 좋다.

2. 논문의 구조 확인하기

이제 학생들이 가지는 '논문'에 대한 공포를 덜어내기 위한 작업이 필요하다. 교사의 적극적인 설명과 안내가 필요한데, 핵심은 다음과 같다. 비문학 글을 읽을 때 글의 구조를 이해하면 내용 파악이 쉬워지듯, 논문 역시 구조를 알려주면 일단 막연한 불안감을 덜어낼 수 있다. 모든 논문에는 목차가 있고 이 이 목차는 대체로 유사하게 짜이는데, 다음과 같다.

국문 초록

───────────────

1. 서론
2. 선행 연구(이론적 배경)
3. 연구 방법
4. 연구 결과
5. 결론 및 논의

───────────────

참고 문헌
부록

이 목차를 제시하고 가장 중요한 것이 무엇일지 학생들에게 물어본다. 아이들 대다수가 쭈뼛쭈뼛하며 답변하기 어려워하는데, 이럴 때 '발췌독'의 중요성을 이야기해 준다. 논문은 특수한 텍스트이기에 우리가 모든 내용을 정독해야만 하는 글이 아니라는 점, 그렇기에 깊이 파헤치려고 하기보다 필요한 부분을 골라서 읽어내는 것이 중요하다는 점을 강조한다.

그리고 논문을 쉽고 빠르게 이해하기 위해서 목차 중 '두 곳'을 짚어준다. 하나는 '초록'이고, 다른 하나는 '결론 및 논의'이다. 사실 이 두 곳을 읽으면 이 논문이 나의 진로와 관련이 있는지 없는지 충분히 알 수 있다고 하면 학생들이 조금은 공포감을 덜어낸다.

특히 초록에 제시한 '주요어(keyword)'를 보면 자신의 진로와 연계하여 탐구할 수 있는 논문인지 아닌지 실마리가 잡힌다. 하지만 이 논문을 탐구해야 할 필요성이 있는지를 더 정확히 알기 위해서는 '초록'과 '결론 및 논의'를 제대로 이해할 수 있어야 한다. 이를 위해서 다음 활동으로 넘어간다.

3. 초록으로 이해하기

① 모범 사례 - 훈민정음의 서문

한때 '세종어제 훈민정음 서문'이 한 온라인 커뮤니티에서 화제가 되었다. 내용은 아래와 같다.

예전에 전공 수업 때 교수님이 그랬다.
"초록을 어떻게 써야 할지 모르겠다면 고개를 들어 '훈민정음 해례본'을 보아라. 세계에서 제일 잘 쓴 초록(abstract)이다."

많은 이들이 알고 있는 훈민정음 서문은 아래와 같다.

나라의 말이 중국과 달라 문자와 서로 통하지 아니하기에, **(선행사 연구, 연구의 필요성)**

이런 까닭으로 어리석은 백성이 말하고자 할 바가 있어도 마침내 제 뜻을 능히 펴지 못하는 사람이 많다. **(문제 제기)**

내가 이를 위하여 가엾이 여겨 새로 스물여덟 자를 만드니 **(연구 주제)**

사람마다 하여금 쉽게 익혀 날로 쓰기 편하게 하고자 할 따름이다. **(연구 의의)**

세종대왕이 쓴 서문을 보면 군더더기 없이 초록에 담길 내용이 적확하게 담겨 있다. 논문의 초록은 '필요한 부분만을 뽑아서 적음'이라는 그 의미처럼, 핵심을 요약한 글이다. 연구의 필요성, 문제 제기, 연구 주제, 연구 방법과 의의 등이 담긴다.

② 실제 초록 분석하기

실제 한국청소년정책연구원에서 발간하는 학술지 《한국청소년연구》에 실린 〈청소년기 이성교제 경험의 영향에 대한 대학생의 주관적 인식〉(최지웅, 이은설, 최병섭)이라는 논문의 서문을 살펴보자.

본 연구의 목적은 청소년기 이성교제의 경험이 개인의 발달에 미치는 영향을 탐색하는 것이다. **(연구 목적)** 이를 위해, 청소년기에 이성 교제 경험이 있는 초기 성인기의 성인 남녀를 대상으로 청소년기 이성교제 경험이 미친 영향에 대해 회고적으로 응답하도록 고안된 설문을 온라인을 통해 실시하였고, 수집된 110명의 응답 자료를 수정된 합의적 질적 연구 방법(CQR-M)을 통해 분석하였다. **(연구 대상 및 방법)** 분석 결과, 청소년기 이성교제의 긍정적인 영향으로 다섯 개의 영역, 16개의 범주가 도출되었다. 한편 청소년기 이성교제의 부정적인 영향으로는 다섯 개의 영역, 13개의 범주가 도출되었다. **(연구 결과)** 청소년기 이성교제의 긍정적인 결과로 도출된 다섯 개의 영역은 '자기 이해 향상', '대인 관계 역량 향상', '사랑과 연애에 대한 적응성 향상', '의사소통 기술 역량 증진', '심리적 안녕감 향상'이었으며, 청소년기 이성교제의 부정적인 영향으로 도출된 다섯 개의 영역은 '자기 감정적 소진', '대인 관계 갈등', '연애에 대한 부적응적 태도', '자기 계발 요인', '무변화(부정적인 변화 없음의 내용)'로 확인되었다. **(결론)** 도출된 결론을 토대로 청소년 이성교제의 의미에 대한 탐색의 의의와 교육적·상담적 개입 및 교육 프로그램의 필요성에 대하여 논하였으며, 시사점, 한계점 및 후속 연구의 필요성에 대해 제언하였다. **(제언)**

연구 목적과 대상 및 방법, 결과, 결론, 제언이 간명하게 담겨 있다. 이 내용만 읽더라도 아이들은 자신이 관심 있는 주제를 탐구하기 위해

도움이 될 수 있는지 없는지 파악하게 된다. 위의 논문은 편의상 발췌한 것이지만, '심리학과', '청소년학과', '아동복지학과' 등에 관심이 있는 학생이라면 충분히 탐독할 만한 논문이라고 판단할 수 있을 것이다.

4. 결론 정리하기

논문에 대한 이해도를 더욱 높이기 위해서 '결론 및 제언'을 읽고 요약하는 활동을 가볍게 실시한다. 요약은 자필로 쓰는 것이 아니라 해당 내용을 타이핑하거나 복사해서 붙여넣는 수준으로 간단하게 이뤄져야한다. 편의상 앞의 논문 결론을 요약하면 아래와 같다.

> 본 연구 결과를 요약하면 아래와 같다.
> 첫째, 전체적 응답 빈도에 관하여 봤을 때 청소년기 이성교제에 대한 긍정적 영향은 부정적 영향에 비해 더 많은 빈도가 나타났으며 범주 또한 긍정적 영향에서 보다 다채롭게 나타났다. (중략)
> 위 결과를 통해 나타난 본 연구의 의의는 다음과 같다. (중략) 본 연구의 학문적 및 교육적 시사점을 논의하면 다음과 같다. 첫째, 청소년기 이성교제 경험에 대해 경험자들의 목소리를 담은 연구로, 탐색적 시도로써 의의를 갖는다. (후략)

결론을 정리하는 활동을 하고 나면 학생들은 자연스럽게 논문이 그리 어렵지 않다는 느낌을 받게 된다. 그 이유는 어떠한 논문이든 결론 부분에서는 연구 결과를 '요약'하게 되어 있고, 그 '의의'나 '함의' 또는 '후속 연구에 관한 제언'을 담고 있기 때문이다.

학생들은 자신이 손수 요약할 필요가 없고 논문의 결론에서 이미 전체 내용을 요약해 놓았기 때문에, 수능 비문학 텍스트보다 훨씬 편하게 핵심 요지를 파악할 수 있는 글이라는 것을 알게 된다. 이로써 논문에 대한 공포로부터 벗어날 수 있다.

1. 희망 대학과 학과 교수의 주요 논문 찾기

희망 대학과 학과 교수의 주요 논문을 찾아보는 것은 대학생들에게는 익숙한 일이지만 고등학생에게는 무척 낯설다. 하지만 방법은 간단하다.

① 진학을 희망하는 대학교 이름을 검색한다.
② 대학교 홈페이지에서 학과 홈페이지로 들어가 학과 교수진 소개로 접속한다.
③ 자신의 관심사와 가까운 연구 분야 교수의 주요 공개 논문을 찾고, 해당 논문이 실린 학술지나 학회지를 확인한다.
④ 그 논문을 논문 사이트에서 검색한 뒤 다운로드하여 탐색한다.
⑤ 학술지나 학회지를 검색한 뒤 접속하여 인용이 많이 된 논문을 탐색한다.

위와 같은 방법대로 실습하면 다음과 같은 결과가 나온다.

① 한국외국어대학교
② 아랍어학과 접속 〉 교수진 소개
③ 윤은경 교수 (아랍어와 아랍문화, 외국어로서의 아랍어교육)
④ 관심사 논문: 〈알 아흐람(al-'Ahrām)〉과 〈알 두스투르(al-Dustūr)〉 뉴

스 텍스트의 언어학적 특징 비교 연구

⑤ 학술지 : 《아랍어와 아랍문학》 〉 네이버 검색 후

　　　인용이 다수 된 논문 : 이집트 방송아랍어의 음운론적 특징에

　　　관한 고찰

　　　교사가 위와 같은 과정을 보여준 뒤, 각자 희망하는 대학과 학과에
접속하여 논문과 학회지/학술지를 검색하게 한다. 이 과정에서 대학별
로 UI나 내비게이션이 달라 어려움을 느끼는 학생들이 있는데, 이때 교
사가 직접 돌아다니면서 코칭해 준다.

2. 진로와 가까운 학술지와 논문 찾아보기

진로와 관련한 논문을 찾는 방법도 간단하다. 다음은 논문 검색 사이트
가운데 '교보문고 스콜라'를 활용하는 방법이다.

　　　교보문고 스콜라 홈페이지(https://scholar.kyobobook.co.kr)에 접속한다.

　　방법 ① 주제별 인기 논문을 확인한다. (인문학, 사회과학, 자연과학, 공학,
　　　　　의약학, 농수해양, 예술체육, 복합학, 경제경영, 법학, 어문학)

　　방법 ② 이슈 키워드 중 가장 관심사와 가까운 키워드를 클릭하면 바로
　　　　　관련 논문이 뜬다.

　　방법 ③ '내 전공 연관 학회 찾기'에서 '희망 학과' 관련 키워드를 입력하

여 검색한다.

위 방법 3가지를 통해 논문을 탐색한다.

위의 방법대로 실습하면 다음과 같은 결과가 나온다. (2024년 1월 기준)

① 각 주제별로 20개씩 주요 논문들이 간추려져 있다. 어학에 관심이 있는 학생의 경우 '어문학'을 클릭하면 〈알제리 식민 지배 초기(1830-1870)의 프랑스 언어문화 정책〉같은 논문을 탐색할 수 있다.

② 이슈 키워드는 #인공지능, #숏폼, #MZ세대, #미디어 리터러시, #MBTI 등이 있다. 여기서 주의해야 할 사항은 이슈 키워드와 직접적으로 연결된 키워드가 없더라도 클릭해서 관련 논문들을 살펴보면 자신이 생각하지 못한 방향에서 접근한 학술 자료들이 있을 수 있다. 예를 들어 숏폼을 클릭하면 〈숏폼(shortform) 동영상을 통한 한국어 학습이 학습 관련 요인에 미치는 영향 연구〉같은 검색 결과가 나온다. '숏폼'이라고만 했을 때는 미디어와 관련 있다고 생각하기 쉽지만, 미디어뿐만 아니라 교육이나 어학 분야에 관심이 있는 학생도 충분히 탐색할 만한 학술자료가 된다.

③ 희망 전공이 '러시아어(노어)'라서 '러시아'로 검색하면 '경북대학교 러시아-유라시아 연구소', '건국대학교 아시아-디아스포라 연구소'

등이 나온다. 클릭해서 확인하면 학술지 발행 주기와 KCI 등재 여부 등이 나와 있어 탐색하기에 수월하다.

3. 논문의 주요어와 진로를 연계하여 핵심 논문 3개 고르기

교사가 모든 논문의 주제나 내용을 파악할 수는 없다. 결국 안내자로서 방법을 이야기하는 것이지, 내용을 설명하는 것이 결코 아니다. 특히 이 과정에서 학생들이 주도적으로 탐색할 수 있도록 안내해야 하는데, 무엇으로도 방향성을 못 잡을 때 가장 쉬운 열쇠가 되는 것은 바로 '주요어(키워드)'이다.

예를 들어, 〈알제리 식민 지배 초기(1830-1870)의 프랑스 언어문화 정책〉이라는 논문의 주요어는 #알제리 정복, #19세기 프랑스, #식민 언어 정책, #동화정책 등이다. 알제리나 식민 언어 정책을 구체적으로 모르는 교사도 해당 논문이 '언어학', '프랑스어', '역사'에 관심이 있는 학생에게 도움이 될 것이라고 인지할 수 있다. 앞서 살핀 '초록'과 함께 '주요어(키워드)'는 교사와 학생들에게 훌륭한 길잡이가 된다.

이 과정까지는 대체로 학생들이 주도적으로 검색을 해나가지만, 자신의 관심사와 관련된 논문을 찾지 못해 헤매는 학생도 꽤 있다. 이럴 때 교사가 순회하며 적극적으로 개입하는 노력이 필요하다.

논문 한 개 정도는 반드시 위와 같은 절차를 함께 하며 찾아주고, 나머지 2개는 학생 스스로 찾을 수 있도록 지도한다. 이 과정을 반복하다 보면 교사도 학생들도 논문을 찾는 노하우와 역량이 길러진다.

3~4차시에서 1개의 논문은 교사와 함께, 2개의 논문은 학생 스스로 찾았다. 그러면 학생들은 교사가 인지한 논문 1개, 새롭게 찾은 논문 2개를 출력물이든 파일로든 가지고 있어야 한다. 5~6차시 역시 일대일 수업 방식으로 진행하는데, 이때는 3~4차시의 코칭 수업과 달리 대담 형태의 수업이 필요하다.

학생들과 진행했던 대담 사례를 3가지로 정리해 보았다. 3가지로 추린 것은 이 정도 관점으로 접근하면 대다수의 학생들을 지도할 때 어렵지 않게 주제를 선정할 수 있기 때문이다.

사례 1. 주제 정립하기 – 백지에서 주제 선정하기

1단계. 아이스 브레이킹
2단계. 논문 확인
3단계. 진로 흥미 계기 파악
4단계. 논문 선정 이유 확인
5단계. 주제 제안

아랍어, 양층 언어 현상을 찾아서

교사: 논문 3개를 찾는 과정은 좀 어땠니? (아이스 브레이킹)

상국: 사실 아랍어와 관련된 논문이 생각보다 많지 않아서 찾는 것은 어렵지 않았어요. 접근할 수 있는 논문은 모두 읽어본 것 같아요. 그런데 막상 논문 3개를 추렸는데 어떤 주제로 탐구해 봐야 할지 막막해요.

교사: 어떤 논문이었는지 공유해 볼까? **(논문 확인)**

상국: 선생님과 함께 찾았던 논문은 〈아랍어에서 유래된 영어의 별 이름〉이었는데, 다른 논문이 더 적합해서 새롭게 더 찾아서 3개를 골랐어요.

교사: 훌륭하다. 굳이 선생님과 함께 찾았던 논문이 아니더라도, 이 과정에서 자신의 진로와 더 가깝다면 그것을 골라도 무방하지. 그래서 골랐던 3개의 논문은 무엇이니?

상국: 첫 번째는 〈현대 이집트 사실주의 소설에 사용된 아랍어 방언의 연구〉예요. 두 번째는 〈노래를 활용한 구어체 아랍어 교육에 대한 연구〉, 세 번째는 〈아랍 소설의 구어체(암미야) 사용에 관한 연구〉입니다.

교사: 이 3가지의 논문을 읽어보고 심화하거나 융합해서 탐구해 보고 싶은 주제가 생겼니?

교사: 아니요. 솔직히 모르겠어요. 논문은 진로와 가까운데 주제 선정 자체가 너무 어려워요.

교사: 다시 기본으로 돌아가 보자. 아랍어는 모든 아이들이 낯설어하는 게 사실인데, 왜 관심을 갖게 됐니? **(진로 흥미 계기 파악)**

상국: 기본적으로 제가 외국어를 좋아해요. 아랍어와 같이 사용자 수는 많아도 알려지지 않은 것 자체가 흥미로워요.

교사: 앞서 말했던 논문 3개는 왜 고르게 된 것인지 말해줄래? (논문 선정
　　　이유 확인)

상국: 첫 번째 논문과 세 번째 논문은 아랍어 소설과 관련이 있잖아요?
　　　특히 저는 언어를 배울 때 문학을 통해서 배우면 더 재미있다고 생
　　　각해서요. 두 번째 논문은 '구어체 아랍어'란 표현이 확 끌렸다고
　　　해야 할까요? 구어체 아랍어가 있으면 '문어체 아랍어'도 있는 것
　　　일 테니까요.

교사: 소설, 아랍어. 이 두 가지 키워드가 세 논문의 키워드구나. 그런
　　　데 흥미로운 것은 구어체 아랍어와 문어체 아랍어로 나뉘어 있다
　　　는 점이야. 그렇다면 탐구할 때 소설 속에서 나타나는 구어체 아랍
　　　어와 문어체 아랍어의 특징을 탐구하는 것으로 해보면 되겠는데?
　　　(주제 제안)

상국: 두 번째 논문을 읽어보니, 아랍 사회에서는 푸스하(문어체), 암미
　　　야(구어체)로 구별되는 양층언어 현상이 존재하더라구요. 두 번째
　　　논문을 중심으로 읽어서 탐구를 해볼게요.

교사: 그래. 혹시라도 방향성을 다시 잡고 싶으면 개별 상담을 한 번 더
　　　요청해도 된다. 논문의 모든 내용을 이해하려고 하지 말고, 이해가
　　　되는 내용을 중심으로 아랍어가 지닌 양층언어 현상의 특징을 개
　　　괄적으로 살펴보면 좋겠구나.

　　상국이는 결국 '아랍어의 양층언어 현상(사회적, 문화적)'이라는 주
제로 결과를 발표하게 된다.

사례 2. 사회 이슈와 연계하기 – 관심사로 주제 엮어내기

1단계. 사회적 관심 확인
2단계. 진로와 의미 연계하기
3단계. 논문 확인
4단계. 논문 선정 이유 확인
5단계. 발표회 방식 확인

유행어 – 언어인류학적 그리고 시대를 반영하는 언어

교사 : 최근에 가장 관심이 있었던 내용이 있었니? (사회적 관심 확인)

수현 : 유행어요. 어쩔TV, 어쩔냉장고 같은 유행어가 화제가 됐었잖아요? 언어는 그 시대를 반영한다고 생각해요. 그 사회를 알려면 유행어를 파악해 보는 게 중요하다고 생각해요.

교사 : 유행어가 진로와 연계되었을 때 어떠한 의미가 있을까?

수현 : 한편으론 아재 개그라는 말장난도 유행처럼 번졌죠. 유행어는 늘 시대별로 있었는데, 유행어가 가진 특징을 바탕으로 사용자들과 시대적 맥락의 상호작용을 분석해 보는 것에 의미가 있다고 생각해요. (진로와 의미 연계하기)

교사 : 역시 평소에 언어에 관심이 많고 문화에 관심이 많았다고 퀴즈를 냈던 1차시 활동 때도 인상 깊었어. 결국 언어인류학적 주제와 관련된 논문을 찾았니? (논문 확인)

수현 : 이슈 키워드와 학회지를 찾다 보니 결국, 〈한국 사회 중년 남성의 전형화에 대한 언어인류학적 고찰: ‘아재 개그’ 사례를 중심으로〉

라는 보석 같은 논문을 발견하게 됐어요.

교사: 이 논문에서 무엇이 가장 의미 있었니? (**논문 선정 이유 확인**)

수현: 내용도 흥미가 있었지만, 새로운 형태의 자료와 그에 대한 수집 방법을 배울 수 있었어요. 그리고 저는 시대의 흐름에 따라 각 유행어를 수집해서 '라디오' 방식을 활용해 우리만의 발표회에서 발표할 생각이에요.

교사: 혹시 라디오 방식을 활용한다면 노래도 그 시대에 해당하는 것을 활용해 보는 것은 어떻겠니? (**발표회 방식 확인**)

수현: 좋아요. 그 당시를 대표할 수 있는 노래를 틀면서 주의를 집중시키고 영상 자료까지 활용해서 유행어와 시대가 어떻게 연계되어 있는지 알려줘야겠어요.

수현이는 '어쩔TV, 가장 완벽한 유행어'라는 주제로 결과를 발표하게 된다. 경기 침체 시대의 '이태백, 사오정' 같은 유행어, 최근의 '혼코노'까지 라디오 형식으로 발표를 했다.

사례 3. 기존 탐구했던 내용에서 뻗어가기 – 확장적으로 주제 도출하기

1단계. 기존 탐구 내용 확인
2단계. 주제 탐색
3단계. 테마 키워드 제안
4단계. 확장적 주제 도출
5단계. 논문 확인 및 추가 탐색 제안

백석에서 출발한 러시아 문학, 구소련권의 고려인 문학으로

교사: 이번 활동을 하기 전에 탐구해 왔던 주제가 있니?

세희: 저야, 선생님도 아시겠지만 문학 덕후잖아요? 백석 시인에 대해서 집요하게 탐구해 왔죠. **(기존 탐구 내용 확인)**

교사: 혹시 백석 시인이 외국어에도 능통했던 것을 알고 있니?

세희: 그럼요. 일본에서 대학을 다니기도 했지만 영어 교사이기도 했고, 푸시킨 시인의 시를 번역했다고 알려졌을 정도로 러시아어에도 능통했던 것 같아요. 백석 시인과 연계하여 더 탐구할 주제가 무엇이 있을지 궁금해요. **(주제 탐색)**

교사: 백석 시인이 번역한 작품도 워낙 유명하지. 그만큼 러시아도 문학 강국으로 알려져 있단다. 톨스토이 같은 대문호도 있지. 혹시 민족국가가 아닌 이주국에서 거주하는 이주자의 정체성과 삶에 관해 다룬 문학이 있는 것을 알고 있니? 노문학 혹은 디아스포라 문학에 관해 다뤄보는 것은 어떨까 싶다. **(테마 키워드 제안)**

세희: 그렇지 않아도 러시아와 우리나라 문학의 키워드를 검색하다 보니 구소련 지역에 사는 우리 민족인 '고려인'을 알게 됐는데요. 고려인들이 디아스포라 문학이 매우 흥미로웠어요. 우리 민족의 DNA를 가지고 어떠한 목소리를 담고 있을지 탐구해 보고 싶어요. **(확장적 주제 도출)**

교사: 그래서 〈우즈베키스탄의 민족정책과 고려인 디아스포라 정체성〉(전형권 외)이라는 논문을 미리 찾았던 것이구나. 〈구소련권의 고려인 문학 연구〉(중앙대 인문과학연구소 해외 한글문학 연구팀)라는 논

문도 추가로 탐색해 보면 어떻겠니? (**논문 확인 및 추가 탐색 제안**)

세희: 네. 하나만 찾았던 디아스포라 관련 논문을 더 찾아보고 노문학뿐
만 아니라 고려인 문학 세계를 친구들에게도 친숙하게 접할 수 있
게 참여형 연극을 짧게라도 만들어보고 싶어요.

세희는 '디아스포라 문학과 함께하는 CIS(구소련공화국연합체) 지
역 여행'이라는 주제로 결과를 발표하게 된다.

4단계 탐구 보고서 혹은 발표 자료 만들기

7~8차시는 보고서를 작성하거나 발표 자료를 제작하는 시간으로 부여한다. 실제로 이때 교사는 순회 지도만 하면 된다. 준비 단계부터 6차시까지 달려왔다면, 온전히 학생들에게 시간을 부여해서 작업하게 하면 된다. 앞의 대담 사례에서도 언급된 학생들의 사례를 바탕으로 결과물들을 소개한다.

1. PPT로 풀어낸 아랍어의 양층 현상

상국이는 '아랍어의 양층언어 현상(사회적, 문화적) 탐구'를 주제로 PPT를 제작해 발표했다. 가벼운 인사말을 배우는 참여형 발표를 곁들인 것은 물론, 소설 속 구어체 아랍어와 문어체 아랍어를 인용해서 설명했다. 특히 아래와 같은 이야기를 했던 것이 가장 기억에 남는다.

> "문학 작품의 대부분이 문어체로 쓰인다는 것은 상당히 충격적이었습니다. 구어체 아랍어야말로 아랍권 국가 사람들의 정서와 생각이 그대로 드러나는 언어일 것인데, 이를 문어체 아랍어로 바꾸어 쓴다면 번역하는 과정에서 아랍만의 독특한 정서가 필연적으로 유실될 것이고, 이는 아랍권 문학의 발전을 저해시킬 가능성이 있다는 생각이 들었기 때문입니다. 아랍권 국가들을 하나로 이어주는 문어체의 대중화와 근대화가

시급할 것 같다는 결론을 내리게 되었습니다."

2. 보이는 라디오로 풀어낸 유행어

수현이는 '어쩔TV, 가장 완벽한 유행어'를 주제로 보이는 라디오 형식을 활용해 발표했다. "구비문학의 특징을 담고 있는 것이 유행어"라고 본인의 견해를 밝히고, 문학과 유행어, 국문학과 현대판 구비문학 관련 선행연구 논문을 참고하여 1950년대부터 2000년대까지의 유행어를 정리했다. 2010년부터 2020년대까지는 광범위하고 일상적인 언어, 주요 언론 표제어로서 신문 기사의 헤드라인에 등장한 유행어를 수집하여 정리했다.

1950년대 유행어로는 다시 권력을 잡게 된 이승만과 그의 곁에서 무조건 "지당하십니다."를 외치던 지당파들을 비판한 '귀하신 분'을, 1960년대 유행어로는 박정희의 혁명주체 세력이 내세운 민생 문제 공약과 연계하여 '민생고부터 해결합시다.'를 소개했다. 또 1980년대는 '땡전뉴스', 1990년대는 IMF 시대 상황을 풍자한 'I Am Free, I Am F(학점), I Am Fire(해고)', 2000년대는 20대 태반이 백수라는 뜻의 '이태백'과 45세 정년을 의미하는 '사오정', 2020년대는 '혼코노', '혼영' 등 혼자 코인노래방에 가거나 혼자 영화를 보는 것을 의미하는 유행어를 소개했다. 이 유행어들을 소개할 때는 각 시대별 음악을 곁들이기도 했다.

시대 반영, 세태 풍자, 확산성 등으로 유행어의 특징을 구체적으

로 분석했는데, 특히 최근의 '어쩔티비'의 경우 해학성은 물론 함축성
(TV는 구닥다리 취급), 가변성(어쩔냉장고)을 지니고 있다고 탁월하게 분
석했다. '선비 같다'나 '오글거린다' 같은 표현은 편견으로 이어질 수도
있다는 주장을 사피어 워프 가설을 인용해 제시했다. 살아남은 유행어
의 특징으로 '사용의 편의성, 유행어가 담긴 사회문제가 해결되지 않았
을 때, 고유어로 정착된 점'을 꼽아 분석함으로써 발표회 참여자들에게
100% 집중도와 흥미를 이끌어냈다.

3. 디아스포라 문학 낭독 및 연극

세희가 발표한 주제는 '디아스포라 문학과 함께하는 구소련 지역 여행
– 코리안 디아스포라를 중심으로'였다.

　　세희는 노문학에 입문하는 참여자들을 위해 고려인 시인의 시를
낭송하면서 러시아 시의 율격이 가지는 아름다움을 알아보는 활동을
기획하고 실행했다. 비교언어학적 관점으로 봤을 때, 교착어이자 독립
어인 한국어와 달리 러시아어는 굴절어라서 시의 율격에서도 '억양'과
'어미 변화'가 강조된다고 설명하며 노문학에 대한 흥미를 주었다. 고
려인 극작가 한진의 작품을 재구성하여 발표회 참여자들에게 각각의
역할을 부여한 뒤 짧은 연극을 실행한 것으로 활동이 마무리되었다.

　　학업으로 지친 아이들에게 여행이라는 컨셉으로 CIS 지역학의 관
점에서 작품들(고려인 조명희, 카자흐스탄 아나톨리 킴)을 탐색하고, 시, 소
설, 아동문학, 극 등 다양한 분야에 나타난 디아스포라 문학을 소개한

점이 매우 우수했다.

특히 세희는 번역본들을 보며 중역, 삼역, 사역의 문제의식을 느껴 번역 관련 기관을 답사하고 인터뷰하는 등 전문 학술 자료와 단행본을 읽어가며 자료를 해석하고 재구성하여 탐구의 깊이를 더했다.

세희는 논문 읽기와 진로 탐색의 시간이 문학의 선한 힘을 믿게 되는 토대가 되었다고 밝혔다. 언어의 한계를 뛰어넘어 어떤 나라든 문학으로 위로받을 수 있다는 소신을 갖게 되었다고도 했다.

정리 우리만의 탐구 보고서 발표회

1. 발표회

'발표회'라고 해서 거창한 것은 아니다. 책상을 원형으로 배치하고 자신의 결과물을 40분이 넘지 않게 선보이면 된다. 피드백 방법도 간단한데, 집단적 진로 프로젝트에서는 포스트잇을 활용하여 모두 번갈아 가면서 구두로 피드백을 했다. 포스트잇을 활용하면 직접 발표자에게 줄 수 있다는 장점이 있고, 구두로 하면 모두 공유할 수 있어서 좋다.

포스트잇 피드백은 좋았던 부분 세 가지를 적도록 했다. 개별 피드백은 좋았던 것은 나중에, 아쉬운 것이 있다면 먼저 말하도록 했다. 그리고 마지막에는 교사가 아쉬운 부분과 훌륭한 부분을 구분하여 전달하며 마친다.

간단하게 의미 있는 피드백하기

① 피드백 용지는 발표 전에 주고 발표 중에도 쓸 수 있다고 안내한다
② 포스트잇을 준비한다. 없으면 A4 용지를 4분할로 잘라도 괜찮다.
③ 1, 2, 3 숫자를 쓰게 한다.
④ 발표회 중 좋았던 내용을 세 가지 쓰게 한다.
⑤ 그중 가장 좋았던 1개를 골라 돌아가면서 발표자에게 피드백해 준다.
⑥ 해당 포스트잇을 모아서 발표자에게 선물로 준다.
⑦ 해당 포스트잇은 전부 찍어 교사에게 사진으로 전달한다.
⑧ 해당 자료는 훌륭한 동료 평가 자료로 추후 기록에 활용할 수 있다.

발표회는 자신의 탐구를 친구나 교사에게 자랑하는 것이 중심이 아니라 스스로를 증명하는 일에 초점을 맞춰 준비하게 했다. 성심성의껏 준비한 친구들에게는 프로젝트 결과물로 굿즈를 제작해서 선물해 주기도 하고, 답사를 다녀와서 음식을 선물해 주기도 했다.

학생들은 이 수업을 통해 자신이 맡은 과제에 몰입하는 경험을 하게 된다. 이 과정에서 대입이라는 목표보다는 '진정한 탐구'의 가치를 발견하게 되는 셈이다.

2. 수업 후기

① 대학생이 된 아이들의 '논문 읽기 수업' 회고

상국이의 회고

처음에는 단순히 대학교에 합격해야겠다는 목적을 가지고 활동들을 시작했습니다. 성적이 상위권이 아니었던 저는 2학년 때부터 특정 학교의 한 학과만을 노리고 활동했습니다. 특정 분야만 계속해서 파다 보니 날이 갈수록 활동의 깊이는 깊어졌고, 아랍어의 문어체와 구어체 비교, '아랍의 봄'의 개요 분석하기, 십자군 전쟁 속의 아랍 등 여러 발표와 보고서 작성을 진행했습니다.

특히 그 중에서도 집단적 진로 프로젝트 수업에서 최지웅 선생님의 도움을 받아 논문을 추천받고, 몇 날 며칠을 정독하여 아랍어의 구어체와 문어체에 대해 소개하고, 둘의 차이점 및 사회적 문제에 대해 발표했던 활동은 대학생이 된 후에도 잊히지 않는 활동 중 하나였습니다. 고등학생의 신분으로 아랍에 관련된 지식이 전문적이지 않은 상태였고 남들에겐 매우 생소한 분야를 조사하고 이해하는 것이 가능하다는 것이 당시에 매우 놀라웠고, 아랍 분야에 대한 애정을 키우게 되는 결정적 계기가 되었습니다. 여러 활동을 했지만 그 중에서 집단적 진로 프로젝트에서 진행했던 활동들은 제가 대학교에 와서도 아랍에 대한 흥미와 애정을 잃지 않고 열심히 공부할 수 있는 원동력이 되었던 것 같습니다.

또한 대학에서 아랍지역학 과목을 들을 때 고등학교에서 공부했던 아랍 관련 지식이 많은 도움이 되었던 것 같습니다. 입시를 준비하는 후배들도 지금 하는 활동들을 단순히 대학교에 가기 위한 도구로 생각하지 말고 그 너머까지 생각해서 열심히 했으면 좋겠습니다!

수현이의 회고

논문 읽기 활동은 논문이나 책을 읽는 것에서 그치지 않고 문학을 직접 느끼고 탐구해 나가는 과정이었고, 그 시간이 저에게 대학생으로서도 인간으로서도 큰 자양분이 되었다고 생각합니다.

실제로 대학에 온 후, 교수님들께서도 문학에 대한 논문 탐구를 바탕으로 한 실제적 경험(문학관, 굿즈 제작 등)을 요구하시는 것을 보았을 때, 선생님과 논문을 통해 문학을 탐구하고 낭독하고 연극했던 활동이 분명 대입에서도 도움이 되었을 것이라고 생각합니다. 그때 자기 주도적으로 탐구해 봤던 경험은 대학 입학뿐만 아니라 개인적인 성장의 측면에서도 많은 도움이 되었다고 생각합니다.

사실 논문 읽기나 문해력이 필수적인 능력이겠지만 시험에 지쳐 있던 학생들에게 선생님께서 꿈을 찾아가는 과정에서 따뜻한 시선으로 코칭해 주시고 함께 해주시는 것만으로도 우리에게 더 좋은 영향력을 주었다고 생각합니다. 외고라는 상황에서의 치열한 경쟁에서 벗어나 따뜻한 기억으로 남았다고 장담합니다.

세희의 회고

대학생이 되니, 인간과 우주 같은 이과 교양 수업을 들으면서 혼이 빠졌어요. 외계 생명체 주제로 3주 동안 수업하는 거 보고 '이게 대학 수업이구나!' 했어요. 그런데 돌아보면 선생님과 고등학교 때 논문 읽기 활동을 통해 이미 경험했던 것과 비슷하다고 느꼈어요.

진로 관련 논문을 찾아 읽고, 읽다 보면 생경한 소재들과 마주치고 이것을 바탕으로 선생님과 소통하고 또 친구들과 함께 토론하던 일. 단순히 생기부 채우기가 아니라 서로의 목소리를 들을 수 있었다는 점에서 정말 특별한 활동이었고 대학생이 되어서도 많이 생각이 나요.

특히 활동이 있던 화요일과 목요일에는 그날 나누었던 대화나 토론을 복기하면서 다양한 방향으로 사고를 뻗어나갈 수 있었거든요. 그 과정에서 여태까지 가지고 있던 사고나 가치관을 재정립하는 등의 많은 변화가 일어났고, 그것이 살아가는 데 중요한 토대가 되었어요.

② 교사의 수업 회고

3가지 역량을 강화하는 논문 읽기 활동

목적을 가지고 하지 않아도 목적이 달성되는 수업이 있다. 혹은 목적이 있는 수업이었는데 목적을 넘어 달성된 수업도 있다. 논문 읽기 활동은 딱 그런 수업이었다. 아이들의 읽기 역량 향상에 도움이 되었는데, 이를 3가지로 추릴 수 있다.

첫째는 글을 선정하는 역량이다.

읽기 역량은 단순히 단어, 문장, 문단, 논지를 이해하는 것을 넘어 '나에게 필요한 글을 선정하는 역량'으로 확장되어야 한다. 어떻게 보면 그것은 부수적이라거나 마지막 단계라고 생각할 수도 있지만, 오히려 지금 시대에는 시작 단계가 되어야 할 것이다.

왜냐하면 지금은 아날로그 시대가 아니라 '검색과 선정'을 통해 학습자가 자신에게 필요한 읽기 자료인지를 판단하는 디지털 시대이기 때문이다. 우리 아이들은 결국 교과서, 문제집, 온라인 포털 메인에 노출된 것을 무비판적으로 수용하는 수동적 읽기 학습자가 아닌 능동적 읽기 학습자가 되어야 한다.

논문 읽기 활동은 학생들이 관심 있는 진로 키워드를 검색하고 찾으면서 자신에게 도움이 되는 글이 무엇인지 선정하는 역량을 길러준다. 상국이는 3~4차시인 **'논문 찾기 요령 실습'**을 통해 본인의 관심 분야 키워드를 검색했고, 더 읽어보고 싶은 논문 3개를 엄선했다. 검색을 통해 노출된 논문을 읽고 그 논문이 자신에게 도움이 되는지 아닌지를 판별하는 과정을 체득하게 된다. 교사와 일대일 코칭을 통해 그 논문이 정말 자기가 찾으려는 논문이 맞는지 확인하는 최종 단계를 거친 뒤 발표회의 주제를 선정하게 된다.

둘째는 도움이 되는 내용을 선별하는 역량이다.

수능 비문학(독서)에서 문제를 빠르고 정확하게 풀려면 각 문단별 중심 내용을 파악하고 출제 의도에 맞게 세부 정보를 읽어내는 역량이 매우 중요하다. 필요한 내용과 불필요한 내용을 선별적으로 이해하는 힘이 필요하다.

논문 읽기 활동은 처음부터 끝까지 모조리 정독하는 '전부 읽기'를 실시하는 것이 아니다. 2차시인 '프로젝트 이해하기, 논문과 친해지기'를 통해 초록, 목차, 이론적 배경, 연구 방법, 결과 등 논문 구조를 이해하게 되고, 필요한 부분의 내용을 선별적으로 읽는 '발췌독'을 하는 역량을 기르게 된다.

세희는 논문의 목차와 주요 키워드를 활용해 주요 고려인 작가들의 작품들을 빠르게 정리할 수 있었고, 수현이는 논문을 통해 유행어를 수집하는 것을 넘어 새로운 형태의 자료와 그에 대한 수집 방법을 배울 수 있게 되었다. 대화형 인공지능처럼 모든 내용을 복사하여 붙여넣었을 때 빠르게 요약할 수는 없어도, 능동적 읽기 학습자로서 제한된 시간 내에 필요한 정보를 선별하는 힘은 결국 인간의 몫이 될 것이다. 인공지능이 요약한 것에서도 어떠한 것이 나에게 도움이 되는 내용인지 판단하는 것은 결국 인간의 몫이다. 아이들에게 꼭 말해주고 싶다. 단행본이나 논문의 주요 내용들은 검색만으로 노출되지 않는다고. 꼭 더 능동적으로 탐색하고 찾아야 한다고.

셋째는 연계하여 탐구하는 역량이다.

읽기 그 자체가 목적일 수도 있지만, 읽기는 수단이 되기도 한다. 진로의 탐구, 사회적인 이슈 파악뿐만 아니라 한 개인의 가치관의 변화까지, 다양한 영역에서 읽기가 필요하다. 다시 말해, 읽기는 그 자체의 내용에서 머무는 것을 넘어 연계하고 확장적으로 뻗어나가는 속성이 있고, 논문 읽기 활동도 그 일환이다.

특히 고등학생에게 논문 읽기 활동은 '학문, 탐구, 쓰기의 첫걸음'이라고 생각한다. 논문은 한 사람의 생각이 아니라 수많은 학자들의 탐구 결과물들이 상호 소통하고 있는 글이라는 점에서 학문적이고 탐구적이다. 그것을 처음 접하는 것만으로 의미가 있다. 나아가 읽기로 그치는 것이 아니라 자신의 진로와 연계하여 보고서, PPT, 연극 대본 등 다양한 활동으로 뻗어간 점에서 읽기 경험을 공유하는 것으로도 가치가 있었다.

교사도 해당 논문 분야의 전공자일 확률이 극히 적다. 그래서 '그냥 알아서 탐구하세요.'가 아니라 학생들과 교감, 무엇보다 개별화된 소통이 활동의 성패를 가르는 열쇠가 된다. 자전거 타기를 처음 배우는 것이 어렵더라도 처음에 뒤를 잡아주는 부모님이 있다면 두렵지 않듯, 어려워 보이는 '논문'도 선생님과 함께 한다면 아이들이 두려워하지 않을 것이다.

논문 읽기 활동은 위의 세 가지 역량 향상 외에도, 어려운 글에 대한 공포감을 이겨내는 자양분이 될 것이라고 확신한다.

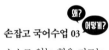

손잡고 국어수업 03

스스로 읽는 힘을 기르는
비문학 수업

1판 1쇄 발행일 2024년 11월 25일

지은이 강이욱 이경옥 최인영 최지웅 호민애

발행인 김학원
발행처 (주)휴머니스트출판그룹
출판등록 제313-2007-000007호(2007년 1월 5일)
주소 (03991) 서울시 마포구 동교로23길 76(연남동)
전화 02-335-4422 **팩스** 02-334-3427
저자·독자 서비스 humanist@humanistbooks.com
홈페이지 www.humanistbooks.com
유튜브 youtube.com/user/humanistma **포스트** post.naver.com/hmcv
페이스북 facebook.com/hmcv2001 **인스타그램** @humanist_insta

편집책임 문성환 **편집** 윤무재 **디자인** 장혜미
용지 화인페이퍼 **인쇄** 청아디앤피 **제본** 민성사

ⓒ 강이욱 이경옥 최인영 최지웅 호민애, 2024

ISBN 979-11-7087-278-8 04370
      979-11-6080-987-9 (세트)